身体を
動かす
ことから
始める
自分磨き

ボディー
バランス・
コミュニケーション

監修＊宗 由貴

山﨑博通・治部眞里・保江邦夫

海鳴社

本当の幸せを体験しましょう

ある電車の禁煙車両での出来事です。

発車間際に駆け込んできた六十歳前後と見られる男性が、指定席チケットを買うの買わないのと、車掌に絡んでいました。

怒りもせず忍耐強く対応している車掌の低姿勢をいいことに、その乗客は暴力団かと思うような凄み方でどんどんエスカレートしていったのです。

しばらくして話がついたのか、車掌が戻っていったとき、その乗客は通路を挟んだ反対側のひとつ後ろの席に座っていた男性に「お兄ちゃん火（ライター）持ってないかい？」と煙草を一本手に持ちながらまたまた大きな声で聞いているのです。「持っていません」と言ったのか言わなかったのか聞こえはしませんでしたが、首を横に振っているようでした。

「ちっ」と舌打ちしながらその三列くらい後方にいた私たちの方を向いたとき、私が「ここ禁煙車ですよ〜」とニコッとしたら、その途端「あっ、ほんま。すんまへ〜ん、わるいわるい」と頭を掻きながら座りました。

もし私がムッとして同じことをいっていたら、「何っ！」と衝突していたのではないかと想像します。私はそこまであれこれ考えて言ったことではありません。ただ思ったことを思ったままに思ったときに言っただけでした。確かに前段で車掌に絡んではいましたが、禁煙車両だと気づいてないのだろうと素直に思ったので「あなたは何と非常識なことをしているのですか」と咎めたのではなく、気がついていないかもしれないけれど、ここは禁煙車両ですよ、と教えてあげただけです。

きっとその人の面子も傷つかず、「気がついていなかった」という〝引くところ〟があったことで和やかに決着したのではないでしょうか。

力で押したら力で返ってくる。拒んだら見えるはずのものも見ずに終わってしまう、ということでしょうか。

衝突によって本来の力が半減するより、調和とそこから良いものを吸収することで活力が倍増するなら、今地球と人心を破壊しているものにストップをかけられるかもしれないとさえ思うのです。

核の傘の下で守られている平和など、本当の平和だとは思いません。人間の周りを隙間なく地雷で取り囲むかのように、核でもって人間を取り囲まなければならないような人類は、果たして進化しているといえるのでしょうか。

戦争で解決するものは何もありません。解決するどころか、憎しみを生むだけです。その憎しみがまた争いを生む……そろそろ負のスパイラルから抜け出したい、そう思っている人達は確実に増えています。

身近な他人との関係から国家間の問題まで、すべて人が生み出している環境です。いわば人次第。人はそれぞれの個性を持っています。身（力）の鍛え方も心（愛）の育て方も違います。しかし自らの身体に備わったものを効率的に活用し、足りないものを他から補う。そんな力を持っていることには変わりはありません。

「力」と「愛」の活用バランスのとれた人になりたいと思います。

心身のバランスを人とのコミュニケーションによって調整するというところから、身近な人間関係や社会・地球を考えてみることは、負のスパイラルからの脱却へ一歩踏み出すことになるのではないでしょうか。

自分が心身共に強くなるだけでなく、そんな自分が人の役に立つ、そんな本当の幸せを体験することが第一歩です。

少林寺拳法から生まれたボディーバランス・コミュニケーション（ＢＢＣ）が生きる力のお役に立てることを心から願っています。

監修者　宗　由貴

もくじ

内面から輝くための新しい身体操法──ＢＢＣ

中国で学んだ拳技に独自の工夫を加え、人づくりの道として戦後の日本（一九四七年）に少林寺拳法を創始したのは岡山県北の地美作出身の宗道臣だった。その組織を受け継いだのは宗道臣の愛娘宗由貴であり、弱冠二二歳のときのこと。以来、二十九年にわたり少林寺拳法グループのトップとして組織運営や対外活動に尽力し、現在では世界三十三ヶ国に普及するまでに成長している。

ところが、宗由貴自身は膝の疾患のために拳法からは遠ざかっているとのこと。これは、にわかには信じられないことだった。いくら人造りの行であるとはいえ、曲がりなりにも武道である少林寺拳法の組織を、はたして武道としての実践から遠ざかざるを得なかった二十歳過ぎの女性が率いて発展させていくことなどできるのだろうか？　大いに疑問を抱いたのだが、創始者あるいは中興の祖亡き後の内紛で分裂状態になることが常態化している武道界にあって、現に更なる発展を続けているという事実の前には、確かに納得せざるを得ない。

しかし、これは普通では考えられないことだ。何か、よほど人の心を引きつけるものがない限り、潮が引くようにして武道に興味の中心を置く多くの門人達が去っていくはずなのだから。拙著『武道の達人』（海鳴社、二〇〇七年刊）の中では、その不思議な引力の出所が舞台に立つバレリーナや俳優達の身のこなしが多くの観客の心を捉えるのと同じところにあるかもしれないと書いたのだが、幸運にもその後これを裏付ける話を聞く機会があった。

元々、膝蓋骨（いわゆる膝のお皿の部分）が外れやすく、小学生の頃から運動の度に何度か外れたつらい経験があった。中学生になっても体育の授業は当然見学が多くなる。「膝がどうしたって?」という先生に反発し、さらに悪化させる結果となる。何かといえば居残り練習させられる娘に父親の結論ははっきりしていた。「やりたくないのに、無理をする必要はない」「〇〇はできないかもしれないけど、お前には他にできることがたくさんあるじゃないか」。普段をよく見ていて、具体的にできることを評価してくれる父親だったという。

今にして思えば、少林寺拳法開祖宗道臣が愛娘に遺したのは、傷めた膝にも負担にならない日常的な身体操法体系についての課題とヒントだったのかもしれない。いつしかごく自然に膝のみならず各関節から力みを抜き、胸腔部もゆったり開いた父親そっくりの立ち姿が身についていたという。

少林寺拳法をやっている人の中にも、自分と同じように身体に不安や悩みを持つ人がいるかもしれないし、何より技法修練によって身体を壊している人の多いことに大きな疑問を抱いていた。開祖宗道臣は伝統的中国武術との出会いによって健康を取り戻した。少林寺拳法の三法のひとつである整法は「修練後の身体の調整」が目的ではないはずだ。何とかしなければ。そんな宗由貴自身の問題意識から生まれたのが、中国武術医学研究班だったと聞く。中国訪問中に見た、父宗道臣のゆっくりとした、そして柔らかい少林寺拳法の指導風景が心に残り、後にその命により演武技法として再現した一人が中国武術医学研究班の初代班長山﨑博通だったことも不思議な縁に思われる。

中国武術医学研究班では宗由貴の問題意識とアドバイスを基に、心を和ませ、また身体の各関節部位や筋肉を緩ませることを基本とする相対での身体操法各種を開発してきた。その身体操法を拝見したとき、物理学者として身体運動を解析しようとしていた私の目にはフェルデンクライス身体訓練法で見られる動きに近いとしか思えなかったのだが、開祖宗道臣の少林寺拳法を直に受けたことのある山﨑校長は開祖自身による拳法の動きの全てにそれが隠されていたことを見抜いていた。

ちょうどその頃、私が奉職する岡山のノートルダム清心女子大学における全学を対象とした教養科目の中で、身体運動について新しい科学的な視点から説き起こす科目を立ち上げる話があり、たまたま身体運動文化学会の創設期からの理事をしていた私が学内担当を引き受けることになった。そこで、禅林学園の山﨑博通校長にお願いし、宗由貴自身をヒントにした膝などの関節部位の負担にならない身体操法を女子大生達に実技指導して頂くことにした。既に二年度にわたって二年次以上の学生に開講されたこの授業は女子大生達に好評であり、そのため二〇〇九年度からは一年次から受講できることになっている。

受講した女子大生達に半年の授業を受けてからの自分の変化について聞いてみると、多くが「積極的に人前に出られるようになった」、「前向きな思考ができるようになった」、「他人のために何かしようと思えるようになった」、「以前よりも明るくなった」、「他人の話に耳を傾けるようになった」など、自分の内面が好転し他者との交流が増えたといったものだった。特筆すべきは、友達や家族との間の交流が活発になっただけでなく、入社試験の面接会場で初対面の試験官に全く臆することなく自分自身でも驚くほど素直に話し合うことができ、その場で内定をもらうことができた学生が何人もいたということだろう。

この体験的な事実が物語るものは？

そう、少林寺拳法の動きの中に秘められていたと山﨑校長が見抜いた、父宗道臣から以心伝心で伝授された膝の負担にならない身体操法を日常的に使っていた宗由貴は、それによって内面が輝き始め他者との交流や社会的活動の場でごく自然に積極的になることができたに違いない……ということだ。拳法をしない弱冠二二歳の女性が少林寺拳法グループのトップとなり、現在に至る四半世紀以上の間組織の分裂を招くこともなく世界的に発展させていった背景には、若い女性の内面を磨き上げることができる少林寺拳法秘伝の身体操法の存在があった！　しかも、それを週一回九〇分の授業でたった八回続けただけの女子大生達の多くが同じように内面を輝かせ始め、社会の中での交流（コミュニケーション）の場面で活き活きとした表情を見せてくれるように変わっていく。

むろん、内面の変化だけではない。「日常生活の中で楽に動けるようになった」、「腰痛がなくなった」、「食欲が出てきた」、「身体が冷えなくなった」、などといった、健康上の改善を報告してくれた女子大生達も少なくなかった。中には「頭が冴えてきた」とか「記憶力が高まった」、あるいは「会話がスピードアップした」などという脳神経系の機能改善が見られたというものもあったし、クラブ活動等でやっているスポーツ競技での身体運動能力が向上したという者も数人いた。つまり、健康増進や身体機能改善のためのトレーニングとしても、簡単で効果が高い新手法として位置づけていく可能性もあるのだ。

ここまで判明したとき、このような素晴らしい効果をもたらす身体操法を学ぶ場を単に大学の一授業として本学の女子大生達に制限するのではなく、広く学外へと解放することによって、より多くの女性達が宗由貴と同様に内面から輝きながら社会の中で活躍するようになるのではないかという考えが湧いてきた。まさに、大学の社会貢献にふさわしい内容なのだから。

よし、やろう！

そう決断したとき、まず困ったのはこの新しい身体操法には未だ呼び名がなかったことだ。それもそのはず、少林寺拳法の創始者である宗道臣開祖のゆっくりと、まるで真綿にくるまれたようにフワッと投げられる技法に接しているのは初期の頃の直弟子の中でも稀だという。おまけに、膝だけでなく全身の関節が緩いという身体的特徴を持つ愛娘宗由貴の存在があったからこそ発想し得た技法体系なのだから……。

そこで、かろうじて宗道臣開祖の不思議な技法の体験者の一人である禅林学園の山﨑博通校長より宗由貴代表理事にお願いし、何か適切な名前をつけてもらうことにした。その結果生まれたのが、本書によって初めて公開する身体の各関節部位を完全に緩ませることを基本とする全く新しい身体操法「ボディーバランス・コミュニケーション」、略して「ＢＢＣ」だ。

二〇〇七年度から始まった山﨑博通による半期の授業では、受講した女子大生達にも大変好評だった。全ての授業内容はビデオカメラやデジタルカメラで撮影し、身体運動についての力学的観点による物理解析を行うことにより、授業進行と並行してＢＢＣについての物理学からの理解を深めていくことに努めた。しかし、人間の身体運動を無機的な物体運動同様の力学的考察のみで分析することの危険性を考えれば、併せて脳神経系の関与についての生理学的考察も取り入れた全体論的（ホリスティック）医学の観点に立った分析も必要となる。これについては、その当時本学から文部科学省科学技術政策研究所に転出していた治部眞里上席研究官が専門であったため、ご多忙の中を担当していただくことにした。

その結果、二〇〇七年度中に得られた物理学及び医学から見たＢＢＣに関する科学的考察結果をフィードバックする形で、山﨑博通が宗由貴の許可の下に二〇〇八年度の授業で展開するＢＢＣの技法を再構築した。二〇〇八年度の授業ではこの再構築されたＢＢＣを受講女子大生に修得してもらうことで、前年度に用いた技法による効果との差違を定性的に見極めることができ、再構築後のＢＢＣ技法が少なくとも授業担当者の観察の範囲で女子大生達により受け入れられやすく、日常生活における身体運動改善や心理的内面の活性改善が見られたのは事実だ。

しかし、このようにして得られた主観的観察の結果を集めてみても、ＢＢＣに対する身体運動科学の観点による裏づけが得られるわけではない。そのために必要なものは、全国規模あるいは国際的規模でのＢＢＣの実施による大規模基礎資料の収集と大規模統計解析であるが、現時点ではＢＢＣについてのそのような大規模実施は不可能に近い。その理由はＢＢＣの技法体系と教授法を熟知しているのが現時点では極めて少数であり、一度に教授する場合でも数十名の集団が限度となるためだ。従って、将来におけるＢＢＣの大規模実施に向けて、実際にＢＢＣ技法を習得した後にＢＢＣを普及させていく側に立てる人達の数を幾何級数的に増やしていく必要があるが、そこで最低限必要となるものがＢＢＣについての適切に書かれた教科書ないしは入門書であろう。

本書は、そのような目的で準備されたボディーバランス・コミュニケーション（ＢＢＣ）身体操作技法についての、初めての入門書となる。しかも、発想の原点でもあり名付け親でもある宗由貴代表理事には、公務ご多忙にもかかわらず快く監修の労を取っていただいた。丁寧に読みながら、そこに解説されるＢＢＣの技法を順を追ってゆっくりと楽しみながら実行することにより、授業や講習会などに参加することなく誰でもＢＢＣをマスターすることができるだけでなく、それが日常生活の中に自然に活きていくようになるはずだ。

本学においては、できうる限り近い将来にＢＢＣの大規模実施が可能となる環境作りに貢献すべく、本書に対する出版助成のみにとどまらず、二〇〇九年度からは生涯学習指導者養成のための科目としてＢＢＣの授業を位置づけることとなった。同時に岡山市内他大学の女子学生も受講できるようにしていただいた。

特にキリスト教カトリック精神に基づく女子教育を地方で行っている本学が、人造りの行として世界的に発展してきた少林寺拳法における身体の動きに隠されていた古くて新しい身体操法の若い女性達への普及の足場となることは、単に地方大学に求められている社会貢献の枠を超えた宗教間の社会的交流の一例として多くの方々の記憶に残っていくのではないだろうか。そのような願いも込めながら、ボディーバランス・コミュニケーションの初歩から説き起こしていきたい。

二〇〇九年三月

著者代表　保江邦夫

ＢＢＣ第一課　歩き方

——実際に歩く前に——

人間は二足直立歩行することで前足を腕として独立に機能させることができるようになっただけでなく、体重を支える役割から解き放たれた手首が大きな自由度と繊細で滑らかな動きを勝ち得たことで知能を大幅に向上させることができた。その意味で、人間を人間たらしめてきた身体運動が二足歩行であるという主張に異議をはさむ者はいないだろう。人間は考える葦である前に、二足歩行する地球上で唯一の生物なのだ。

むろん、チンパンジーやゴリラ、さらには飼い慣らされたレッサーパンダや犬などが二足歩行する場面がマスコミに登場することはある。だが、そのような動物は一時的な二足歩行を見せることはできても、人間のように長時間安定して二足歩行することはできない。人間が二足歩行する唯一の生物だという意味は、このように常識的に理解した範囲でのことだ。

では、他の動物が真似することのできない常時二足歩行を可能にする身体運動について、我々人間はどこまで理解しているのだろうか？　現代の身体運動科学においてはスポーツ医学や物理学の視点から精密な分析がなされているが、それは例えば現代日本人の標準的な二足歩行運動における身体重心位置の移動と両足運びをプロットして得られる位置エネルギーと運動エネルギーの間のエネルギー遷移を、江戸期以前の日本人に標準的だった二足歩行運動（いわゆる「なんば歩き」）におけるそれと定量的に比較して後者のエネルギー消費の少なさ（つまり運動効率の良さ）を結論づけるといった、科学的意味づけのためにしか用いられることはない。そのため、二足歩行運動についての理解はあくまで現象論的な理解の域を超えるものではなく、ましてや人間の標準的な二足歩行運動の意図的改善に結びつくようなレベルには達していないのが実状だ。

このように、日々あたりまえのようにほとんど無意識に二足歩行を行っている我々人間にとって、ほとんど考察の対象に上らない身体運動が二足歩行運動だともいえる。つまり、ほとんどの人間は成長過程で身につけた二足歩行運動を日常生活の中における移動目的のために習慣的に利用しているのだ。歩行運動自体は身体各部筋肉の随意運動によって実現されてはいるが、人間が移動する目的意識とはほぼ切り離された運動として長年にわたって用いられてきたために、大脳皮質運動野からの錐体路を介した神経支配ではなく、小脳や脳幹からの錐体外路を介した神経支配となっていると理解しなければならない。

実際のところ、我々は歩行しながら深い思索にふけることもできるし、両手を使ってかなり複雑な作業をすることもできる。あるいは複数の人間が一団となって互いに真剣に議論しながらでもどこかの目的地へと向かって無理なく歩き続けることも可能だ。この事実は、まさに日常的な二足歩行運動が大脳皮質の働きに影響されにくい錐体外路系の神経支配によるものであることを物語っている。これが、例えば二足ではあっても歩行ではなく走行の場合には、同時に何かを考えたり他の人と議論したりすることは、走行動作に対する重大な妨げとなることは経験が教えてくれるところだろう。あるいは、ゆっくりとした歩行ではあっても、足下が悪く大脳皮質運動野の働きによる錐体路系の制御を必要とする場合には、走行運動と同じくとても同時に思考したり会話したりすることはできなくなる。

このことから考えても、日常的に見られる標準的な二足歩行運動を大脳皮質の働きによって意図的に改善することには大きな困難が伴うと予想されるが、確かに明治以降西欧人と同じ二足歩行運動に矯正された現代日本人が江戸期までのなんば歩きを試みても、なかなか無意識でできるまでには到らないようだ。つまり、標準的な二足歩行運動を意図的に改善するためには、大脳皮質運動野から錐体路を経る神経制御に作用させるやり方ではなく、小脳や脳幹から錐体外路を経る神経制御に働きかける必要がある。

錐体路ではなく錐体外路による神経制御を積極的に利用することにより低下した身体機能を回復させる身体調整法としては、野口晴哉によって見出された整体操法が広く普及している。そこで重要視されているものに、活元運動と呼ばれる無意識に発生する自発的身体運動、即ち錐体外路系神経支配により発動される潜在的身体運動がある。そのような活元運動が発現し数十分程度持続した後には、痛みを伴うほどに悪化していた身体機能がほぼ完全に回復するといった症例も多く報告されている。むろん、野口晴哉の整体操法以外にも錐体外路系神経支配により発動される潜在的身体運動を治療目的で利用する治療関係者は多い。

ただし、活元運動などの錐体外路系身体運動を自分自身で発動させるためには、ヨガや禅における瞑想時と同様の呼吸法による神経系の安定化が必要であるため、一定の修行を経なければならない。従って、女子大生に代表される若い世代の現代人の日常的な歩き方を週二時間程度の授業や講習会だけで短期間のうちに、場合によっては一回だけの授業だけでより楽な歩行運動に変えていくには、このような修行を必要とする伝統的に確立された整体操方的手法は役に立たなくなってしまう。

では、錐体外路による神経制御を積極的に利用する身体運動で、女子大生などの一般若年層の人達が日常的な二足歩行をより自然で楽なものに短時間のうちに変えていく手助けとなるものはどのようなものなのだろうか？　それは、少林寺拳法の開祖である宗道臣が初期の頃より指導していた、すり足で軽く滑らかに行う運歩法の基礎となる、足首や膝、股関節を固めない歩き方を生み出すための基本となる運動であり、ＢＢＣの基本中の基本ともいえる「腰の回転」に他ならない。だが、腰の回転というとき、単に腰骨だけを回転させるのではなく、脊椎を軸として腰から上の上体を腰骨の上に乗せたまま上体共々回転させることを意味することに注意しなければならない。胸椎から上の上体は回転させずにまっすぐ前に向けたままにして腰骨のみを回転させるのでは、現代人に見られる通常の二足歩行にしかならないのだ。

『武道の達人』（保江邦夫著＝海鳴社、二〇〇七年刊）中で回転動力学の物理学的観点から分析されたように、少林寺拳法の技の動きは身体を様々な回転軸のまわりに高速回転させる動きを巧みに組み合わせたものになっている。確かに、演武や多人数を相手にする乱取りでの動きは、まるで勢いよく回転しているコマが何人もの相手が立っている間を動き回って次々に相手をはね飛ばしていくように見える。もちろん、本当にコマのように回り続けたのでは目が回ってしまう。実際に回転を続けているわけではなく、上体が腰から上に伸びた正中線を軸にして左右交互の方向に半回転を続けている。

しかも、単なる身体のさばきだけでなく、相手の突きや蹴りを払う動作も、逆に相手に突きや蹴りを放つ動作も、さらには相手につかまれた腕で相手の身体を崩して投げ倒す動作も、全てが正中線を軸とした素早い半回転運動で構成され、それらが一連となって無駄なく連携している。そんな調和の取れた素早い半回転運動からなる連係動作の連続が、少林寺拳法の動きを高速回転するコマにたとえさせるような強い印象を与えているのだ。

BBCの基本動作の中で最も重要な腰の回転という身体運動が、単に腰骨だけを回転させるのではなく、脊椎を軸として腰から上の上体を腰骨の上に乗せたまま上体と共に回転させるものになっている背景には、長年にわたる少林寺拳法の身体技法発展の成果が見え隠れしている。その意味でも、これからBBCを学んでいこうという皆さんは、安心してその身体操作法を楽しんで頂けるのではないだろうか。

――二足直立――

歩き方の基本は立ち方、つまり二足直立技法にある。二本足で立つということは、人間であれば誰でもできる最も簡単な身体操作技法だと軽く考えられてしまうことが多い。しかし、地球上で安定に長時間二足直立が可能なのは人類だけであることからも推測できるように、二足直立は決して容易な身体操作技法ではない。二足直立したときに床面を踏む両足の踵とつま先を四頂点とする四辺形は、基底面あるいは底面四辺形と呼ばれる。人間が安定に二足直立できるためには、底面重心位置と呼ばれる身体全体の重心から鉛直方向に下ろした垂線と床面との接点が常にこの基底面の内部にあることが必要となる（写真1）。底面重心位置が基底面の外に出てしまったならば、人間の身体はすぐに倒

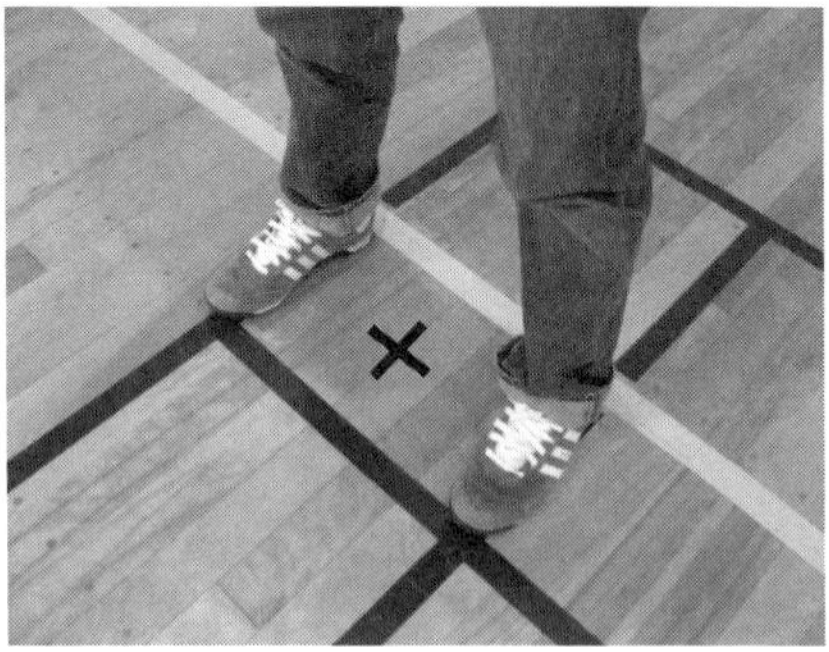

写真1　二足直立する人間の基底面と底面重心位置（×印）

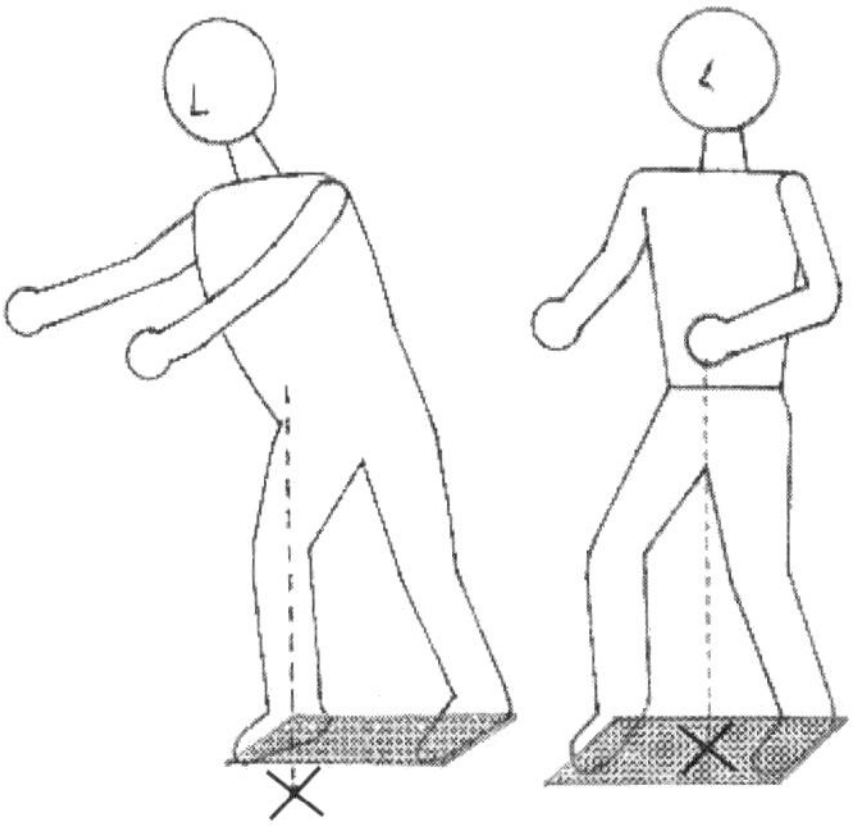

図1　底面重心位置（×印）が基底面の内部にあるときは人間の身体は倒れないが（右）、外に出てしまったならばすぐに倒れてしまう（左）。

れてしまうのだ（図1）。

まずは、面白い実験をしてみよう。体育館の床の上、幅10センチ程にまっすぐ引かれたラインの上に両足を前後に軽く開いた状態で立つ（写真2）。この場合、基底面はラインの中で前後に細長く延びた長方形になるが、それでもその位置のまま立ち続けるのは簡単なことだ。このような二足直立は、誰にでも楽にできることと思える。

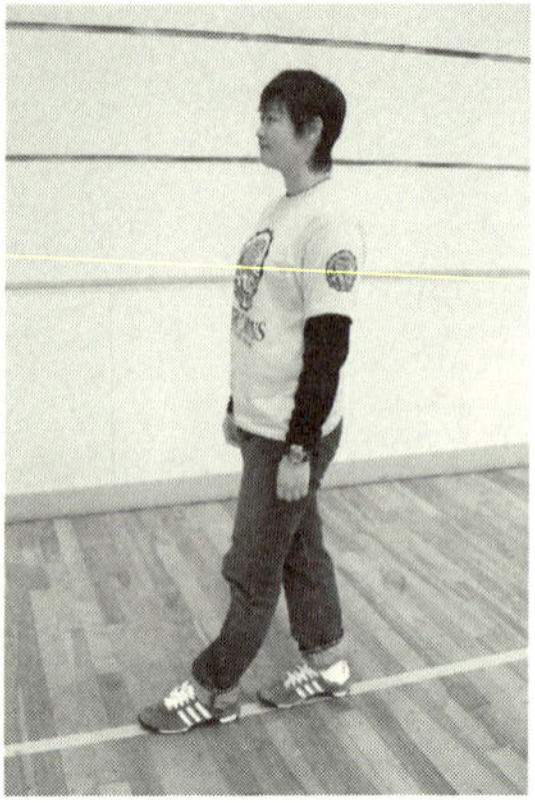

写真2　体育館の床面に描かれた細いライン上であれば、人間は幾らでも長時間二足直立することができる。

次に、体育の授業で使う平均台を持ち出してきて、今度も平均台の上に両足を前後に軽く開いた状態で立つ（写真3）。このときの基底面は、先程の床のライン上に前後に細長く延びた長方形と同じ長方形が平均台の細長い上面に移ってきただけであり、基本的にはライン上に立つ場合と比べて二足直立の難易度は同じ程度のはず。つまり、ライン上と同じく、人間は幾らでも望むだけ楽に平均台の上に立ち続けることができることになると思われる。ところが、実際に平均台の上に立ってみると、毎日訓練をしている体操選手ならともかく、一般の人間は

写真3　平均台の上であれば、人間はなかなか安定に二足直立することができない。

底面重心位置が細長い基底面の中に収まり続けるように姿勢制御をすることができずに倒れてしまうことがほとんどだ。

　ライン上に立つ場合も平均台の上に立つ場合も基底面の形状はほとんど同一であることから、どちらの場合も二足直立についての難易度は同じ程度であると考えられる。ところが、実際に二足直立実験をしてみると、明らかに大きな違いが出てくる。ライン上ならば長時間安定に立っていられるにもかかわらず、平均台の上ではフラフラと左右にふらつきながら短時間のうちに倒れてしまうことが多い。まるで、「無用の用」という中国の故事そのものだ。ラインの上に立つときにはラインの外の床には足を乗せないのだから、ラインの外の床は無用の長物。ところが、いざラインの外の床が消えてしまい、ラインがまるで平均台のようになったとたん、それまで安定に長時間二足直立できていた人間が急に不安定になって倒れてしまう。ラインの外の床は無用ではあっても、やはり必要なものということになる。

　しかし、このような理解では雰囲気は伝わってくるが、真の理解を得たとは思いにくい。そこで、

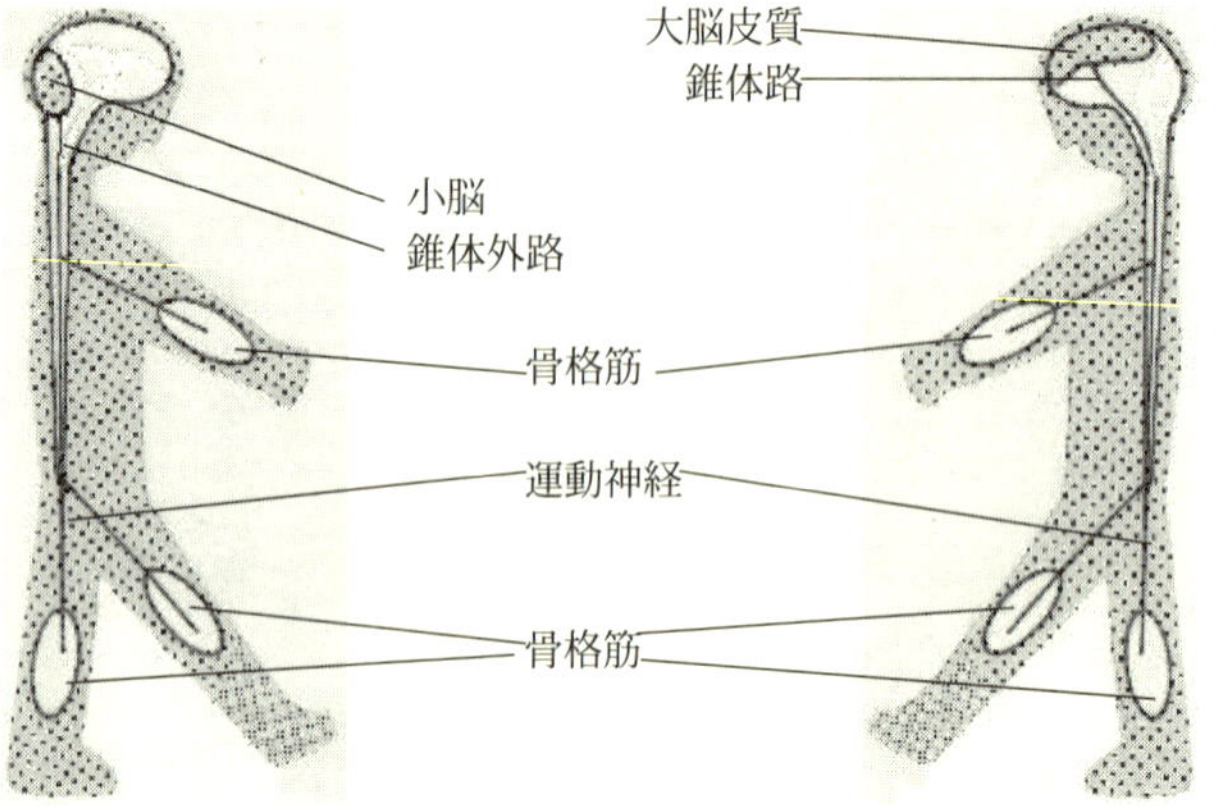

図2　大脳皮質運動野から錐体路を経る神経支配

図3　小脳や延髄から錐体外路を経る神経支配

二足直立のための身体の姿勢制御機構についてまでも、踏み込んでいく必要がありそうだ。

基底面の形状が同一なのだから、もし底面重心位置を常に基底面の内部に維持しようとする姿勢制御機構に変化がないのであれば、平均台の場合でも長時間安定に立っていられるはず。だが、平均台の上に立つ場合にはそうはならない……。ということは、平均台の上に立つ場合と床のライン上に立つ場合とでは、異なった姿勢制御機構が用いられていることになる。

平均台の上に足を前後にして二足直立するという状況は非日常的なものであり、多くの場合初めてあるいは何年ぶりかで行う慣れない身体運動となっているはず。このように、慣れない身体運動をやってみるときには、大脳皮質前頭前野にある運動野から出された神経信号が錐体路を経由して上体及び下肢の筋肉を意識的に制御することになる（図２）。他方、床に引かれたライン上に足を前後にして二足直立するという状況は、地面や床面に普通に立つという日常的な状況と変わりないため、いつもと同じに無意識で姿勢制御する手法のままで立つことができる。つまり、小脳や延髄から出された神経信号が錐体外路を経て上体と下肢の筋肉を意識することなく制御しているわけ（図３）。

この簡単な実験からわかったことは、我々人間が日常的に二足直立するときの身体運動制御もまた、錐体外路系の神経支配による無意識下のものとなっているということだ。従って、二足直立の手法を改善するためには、運動野を働かせて意図的に身体運動を導く現代のスポーツ科学的な手法では難しい。錐体外路系の神経支配を調整するためには、何らかの無意識下での働きによって改善するしかないのだから。

――ＢＢＣの立ち方――

では、立ち方を改善するためのＢＢＣの技法について見ていこう。まず正面を向いて足の開きが立つのに最も楽で自然になるように肩幅より幾分狭く左右に足を開き、両方のつま先を前に延ばして立ってみる（写真4）。このとき、首を前に曲げて下を見れば、自分の両足が視野の中に入るはずだ（写真5）。これは、現代人の標準的な立ち方が脚の骨をまっすぐ鉛直方向に延ばし、従って重心が踵側に寄っている立ち方になっているからに他ならない（図4）。

　両脚が鉛直方向を向いているというのは、一見すると理にかなった立ち方と考えられて

写真4　現代人の立ち姿を正面からと側面から見たもの。

図4　現代人の立ち姿における骨格配置を側面から見たもの。

写真5　立ったまま下を見たときには腹部の前に両足が見える。

しまうかもしれないが、二足歩行などの身体運動を動的に支えるためには役に立たない。ＢＢＣでは、この立ち位置のまま肩や腕さらには首や頭もそのままでおへそを前に突き出すイメージで、腰骨だけを前に出せるだけ出しておく（写真6）。このような姿勢で安定に二足直立するためには、自然に重心がつま先の方に寄っていくため、踵が軽く浮いた状態になる。また、首を曲げて下

図5　ＢＢＣでの立ち姿における骨格配置を側面から見たもの。

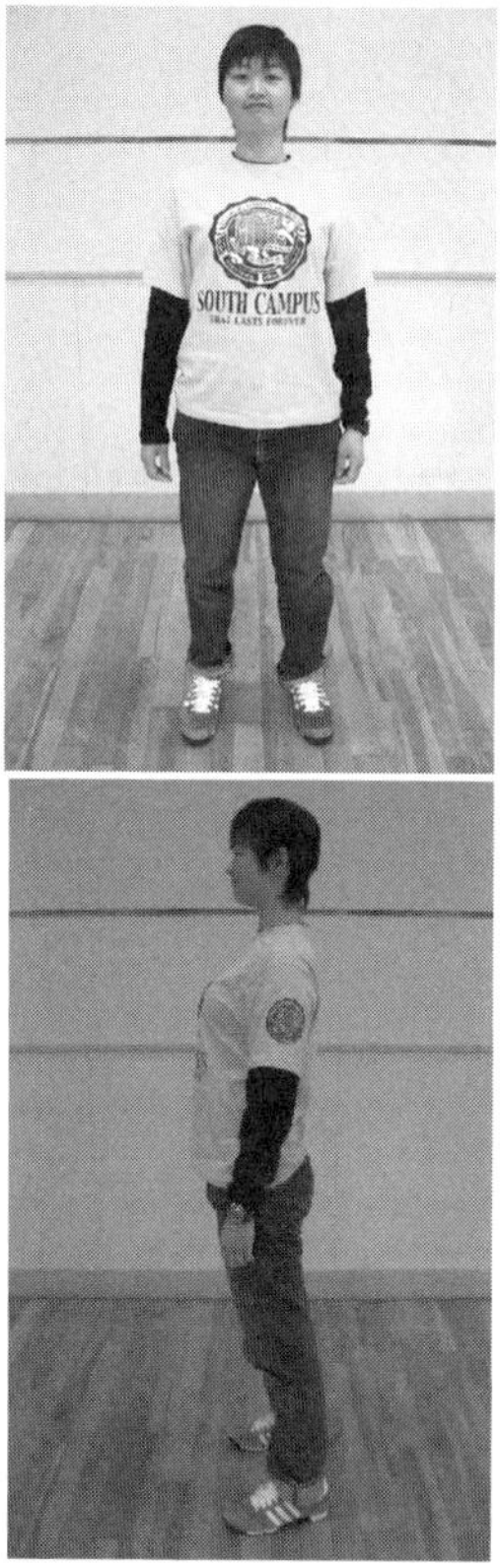

写真6　ＢＢＣでの立ち姿。

写真7　立ったまま下を見たときには腰で隠れてしまい両足がつま先も含めて見えない。

を見ても、つま先も含め自分の両足は腰骨の下に完全に隠れてしまって見ることができない(写真7)。即ち、ＢＢＣで用いる自然な立ち方では、腰骨が限界まで前に張り出した形で下腹は後に引き、両膝を緩め、背骨はスッキリと上に伸びる骨格構造が実現されることになる（図5）。

このようなＢＢＣでの立ち方を試みると、多くの人が慣れないための違和感を感じるはず。それは、標準的な現代人の場合に錐体外路系の神経支配を受ける立ち方が、重心を後ろに残して両脚の骨を鉛直に立たせるものである状況から、錐体路系の神経支配を用いて意識的に立ち方を変更したにすぎないからだ。従って、常に自然にＢＢＣの立ち方になるためには、この立ち方での身体制御を錐体外路系に移行させなければならないのだが、意図や意識などの思考活動を工夫しても大脳皮質の働きにとどまってしまうために小脳や脳幹から錐体外路を経由する神経支配が生まれるわけではない。

それよりも、身体全体のバランスや安定性を確かめるかのように身体全体をこのＢＢＣの立ち姿のままで小さく揺らしてみる。しかも、自分

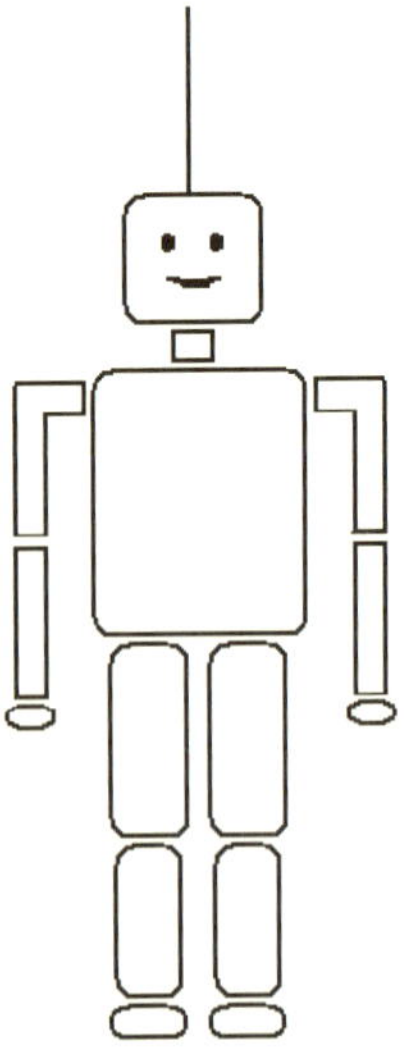

図6　ＢＢＣでの立ち姿においてイメージする、頭頂で天井からつるされた手足の関節の隙間が空いた人形。

の身体が人形になり頭から天井につるされているとイメージすることで、頭が天井から引っ張られているかのように頸椎を延ばして頭を上にやり、肩や肘あるいは手首といった両腕の関節部分が骨と骨が離れて延ばされてしまったかのように手の重みで手をぶらんと垂らしておく。さらには、両脚もまた人形の脚のようにだらんと垂れ下がっているとイメージし（図6）、股関節と

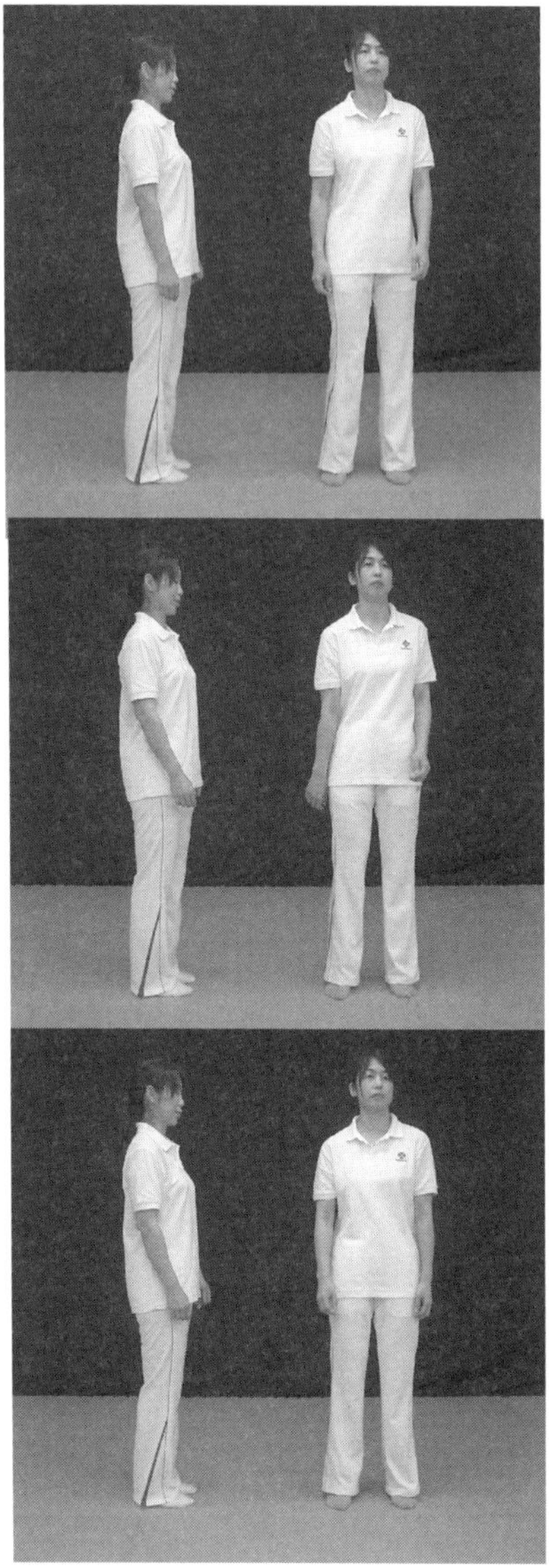

写真８　ＢＢＣの立ち姿のまま、両腕と両脚にある全ての関節部位に隙間ができるようにイメージしながら、身体全体を小さく揺らすことで二足直立制御を錐体外路系の神経支配に移すことができる。

膝や足首の関節部分も骨と骨が離れて延ばされているかのようにした上で、ＢＢＣで二足直立しながら身体各部を小さく揺らし続ける（写真８）。こうすることで、ＢＢＣの立ち方に必要な制御運動が比較的短時間のうちに錐体外路系の神経支配になっていく。

このような身体運動を三十分程度続けることによって錐体外路系の神経制御によるＢＢＣの立ち方を習得できたならば、その後は何も考えなくても二足直立するときには自然にＢＢＣの立ち姿になるように身体が動いてしまう。これが、ＢＢＣによる立ち方の改善手法の手順であり、ＢＢＣにおける立ち位置での身体運動は全てこの改善された立ち方を基礎として構成されることになる。ＢＢＣでは立ち位置での身体運動だけでなく座り位置での身体運動も利用することが多いが、その場合の基礎となる改善された座り方については必要となった時点で解説する。

――基本歩行運動の実際――

ＢＢＣでの歩き方は、決して難しいものではない。だが、自分で初めてそれを行うとき、多くの人が違和感を感じるかもしれない。その理由は、単に慣れていない、つまり既にＢＢＣでの立ち方で体験済みであるように運動制御が意識的な錐体路系の神経支配によるものでしかないためにすぎない。

従って、歩行運動の改善における後半部分では、立ち方同様に錐体外路系の神経支配によって無意識下で行えるようにする必要がある。

まずは、室内でも室外でも前方が開けた場所に立ってみよう。むろん、自然にＢＢＣの立ち方になる。肩を落とし、リラックスした上で、頭が天井から引っ張られるように感じ、両腕と両脚、さらには腰も下に引っ張られる感覚になることを確認しておく。必要ならば、両腕と両脚にある全ての関節部位に隙間ができるようにイメージしておけばよい。また、眼はどこか前方の一点を見つめるのではなく、視野全体をぼんやりと眺めるといった状態にしておく。これは八方目と呼ばれる少林寺拳法の目付のやり方と基本的には同じで、無意識下の錐体外路系の運動制御を活性化させるときに有効な技法となっている。

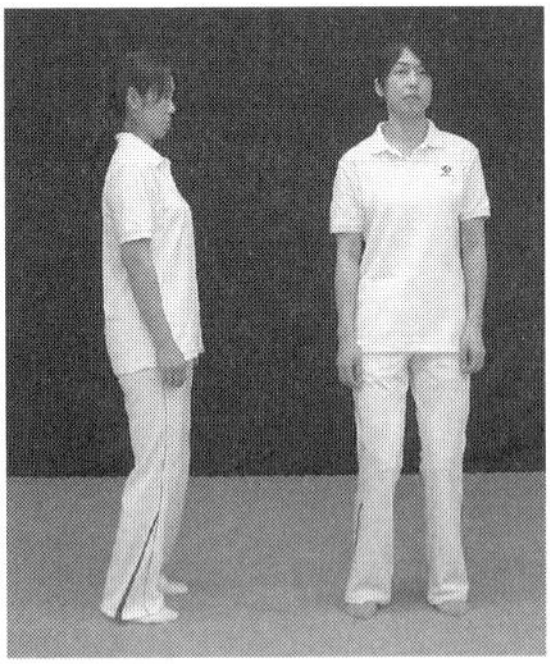

写真９　ＢＢＣの立ち姿のまま両膝を軽く前に出すことで、股関節によって両脚の上に乗せられていた腰骨を動かすことができるようになる。

歩くための準備として、ＢＢＣの立ち姿のままで両膝を軽く前に出す（写真９）。こうすると、それまで両膝をまっすぐ固定して支えていた腰から上の上体の重さで膝がたたまれてしまわないように、両脚の筋肉を少し緊張させる必要があるが、膝の曲がり方を小さくしておけばそれほどの緊張はいらない。むしろ、膝がある程度自由に曲がるために、両脚の上に乗っている腰の自由度が増えて腰を動かすことができるようになる。

最初は左足が前に位置していることにして、ＢＢＣの歩き方を解説する。

次の右足を前に出す動作だが、決して「右足を蹴って出す」という普通の動作をしてはならない。そうではなく、軸足である左足の股関節、膝、足首を同時にクッと緩めてみる。すると右足は無意識のうちに引き寄せられ、左足を超えて前に出る。前に出て軸足となった右足の股関節、膝、足首を着地に合わせて、またクッと緩めると、今度は左足もほとんど意識せず引き寄せられて前に出る。

このような歩き方をするとき、股関節よりも上の身体部位はどのような動きを示すのかというと、結果として自分の腰をその上に上体を乗せたまま腰から上をひとかたまりの物体として、立ち位置では軽く前に押し出していた腹といっしょに右回転することになる。すると、左側の股関節が前に出るため、股関節から後斜め下に伸びていた左脚が緩い関節のまま引っ張られて前についていくことになる（写真10）。

次に、前に引っ張り出された左脚に重心を移しながらやはり上体をひとかたまりの物体として腰と腹をいっしょに左回転させる。今度は右股関節が前に出ていくため、股関節から後斜め下に伸びてい

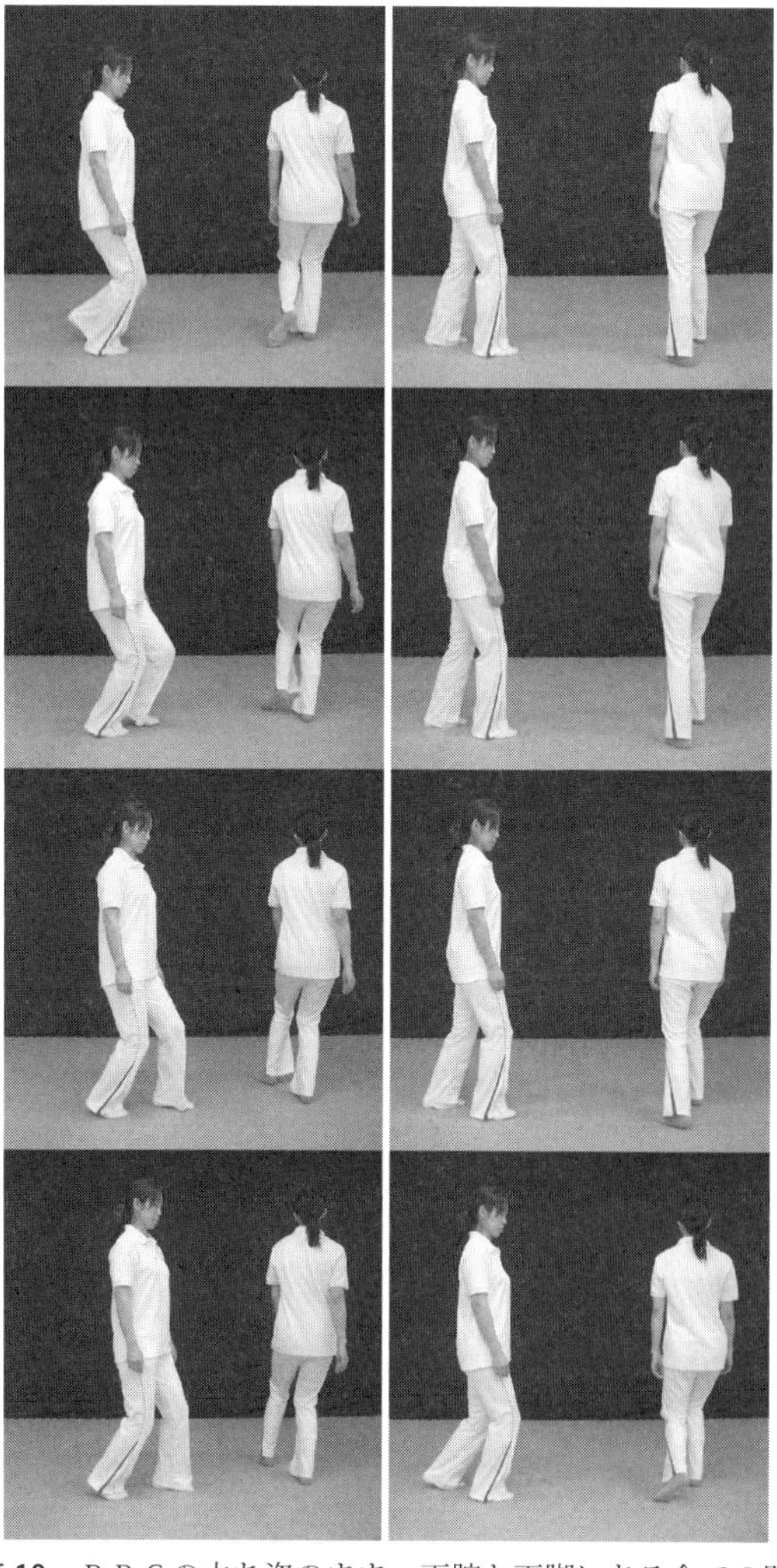

写真 10　ＢＢＣの立ち姿のまま、両腕と両脚にある全ての関節部位に隙間ができるようにイメージしながら上体といっしょに腰と腹を右回転させることで、左股関節から斜め後方に垂れ下がっていた左脚が引っ張られて前に出ていく。

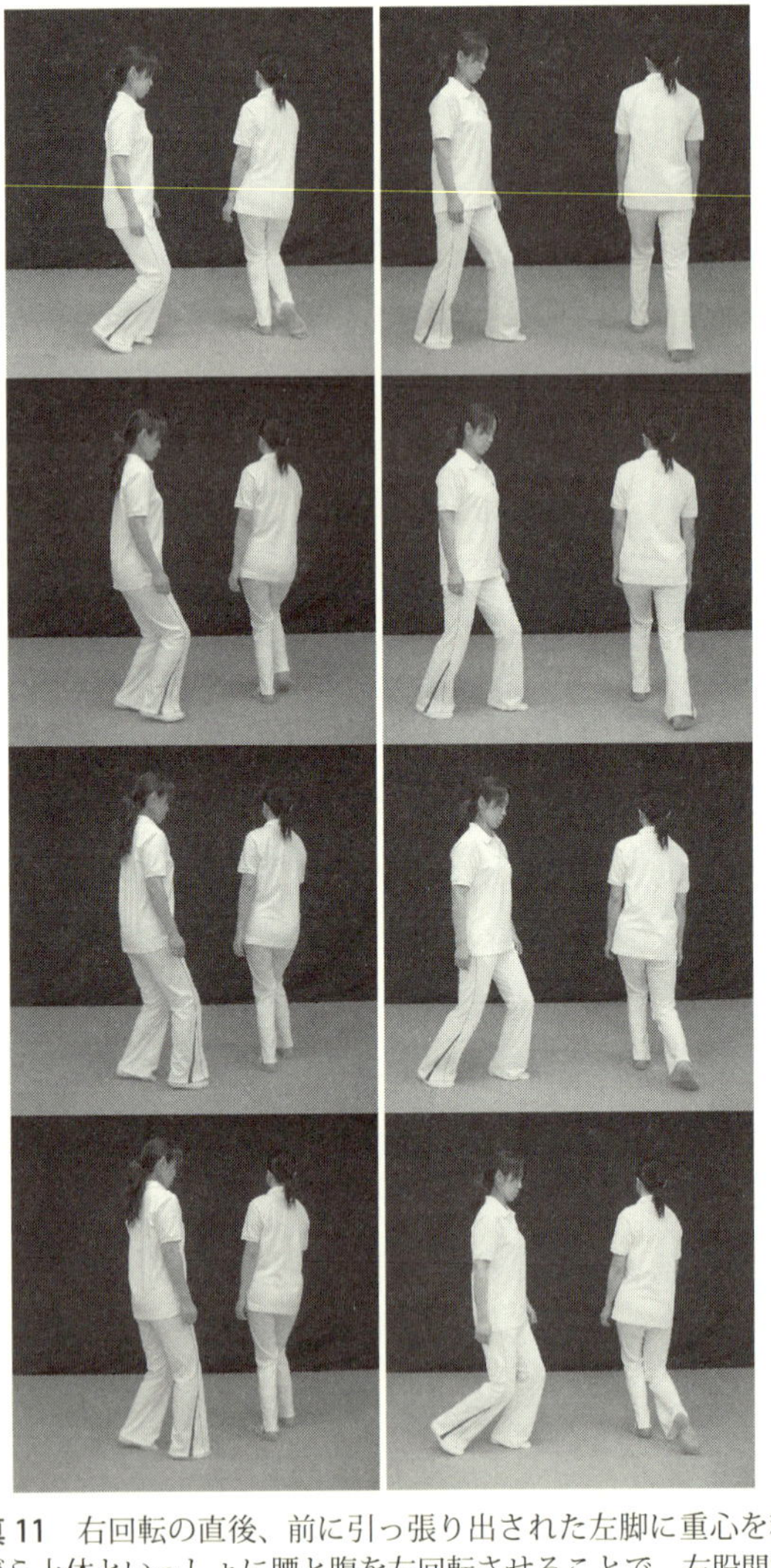

写真 11　右回転の直後、前に引っ張り出された左脚に重心を移しながら上体といっしょに腰と腹を左回転させることで、右股関節から斜め後方に垂れ下がっていた右脚が引っ張られて前に出ていく。

た右足が緩い関節のまま引っ張られて前についていく（写真11）。

　次いで、前に引っ張り出された右脚に重心を移した後に上体をひとかたまりとして腰と腹を右回転させると、股関節から後斜め下に伸びていた左脚が引っ張られて前についていくのだが、このように上体を乗せた腰の左回転と右回転を交互に繰り返すことによって、膝を緩く曲げたままの両脚を交互に前に引き出すようにして歩くことができる。これがＢＢＣの技法体系における二足歩行の手法に他ならない。

　日常的な二足歩行運動に慣れた現代人にとって、このようなＢＢＣの歩き方は奇異に感じられるかもしれないが、錐体外路系の神経支配によって無意識下で行えるようになれば状況は逆転する。そのためには、１００歩から２００歩程度の歩行運動を続けるとき、身体各部、特に肩と肘の関節や股関節と膝関節に隙間を作るイメージを抱くようにしながら緩めていけばよい。また、歩き続けるときに、腰の回転に合わせて「イチ、ニー、サン、シ、ニー、ニー、サン、シ」などと軽く発声しながらやると、錐体外路系神経支配への移行の助けとなる。そのため、ＢＢＣの教程ではここで解説した二足歩行運動の訓練では、「イチ、ニー、サン、シ、ニー、ニー、サン、シ」というかけ声を繰り返して出しながら腰の回転を行うことにしている（写真12）。

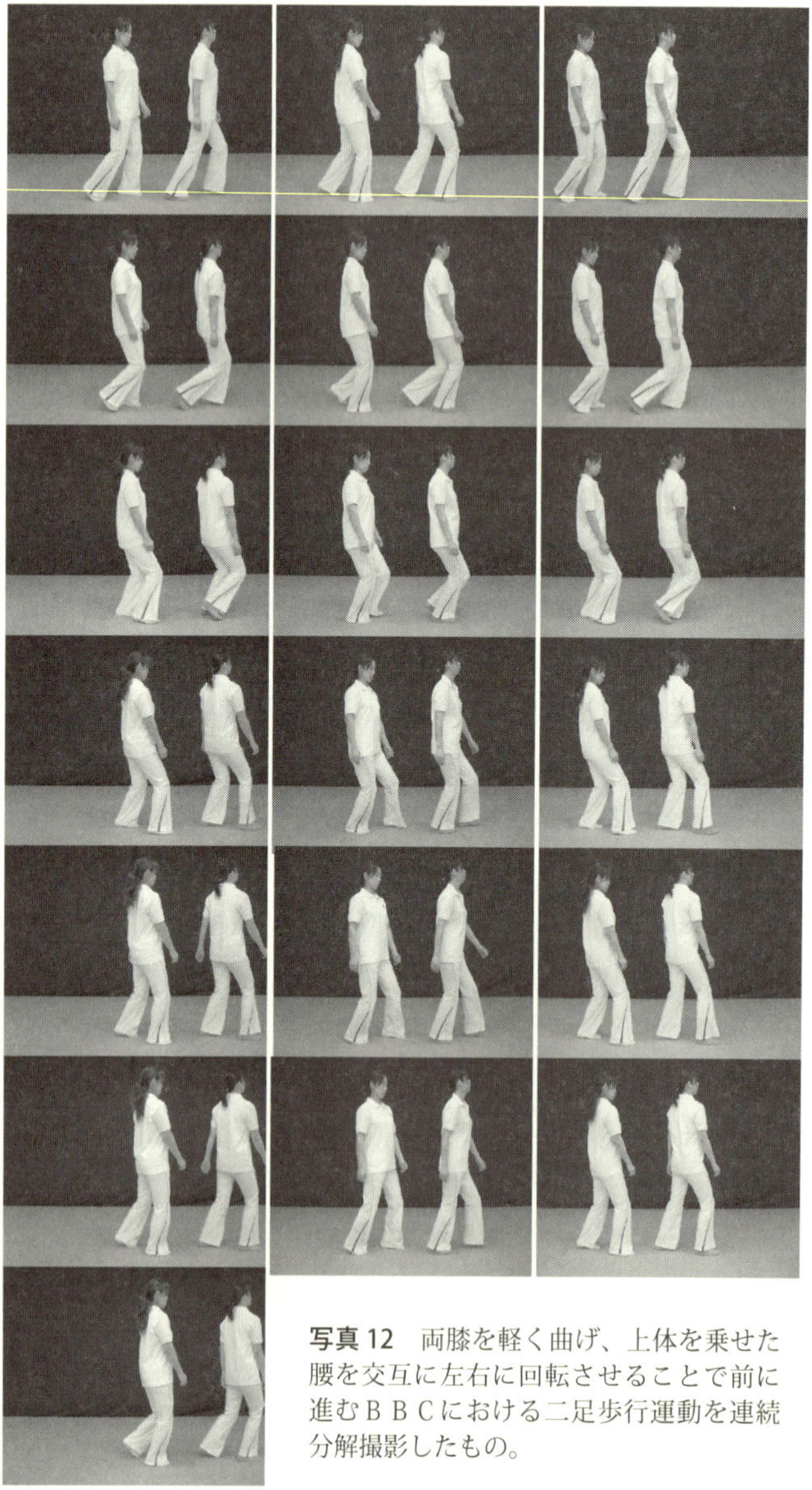

写真12　両膝を軽く曲げ、上体を乗せた腰を交互に左右に回転させることで前に進むＢＢＣにおける二足歩行運動を連続分解撮影したもの。

――逆向き二足歩行――

基本歩行運動の次は、後に向かって歩く運動を身につける逆向き二足歩行だ。逆向きとはいっても、別に特殊な歩き方があるわけではなく、簡単にいえばＢＢＣの二足歩行運動を時間を逆向きにして眺めたときの運動だと考えればよい。つまり、写真12にある基本歩行運動の連続分解写真を最後のコマから最初のコマへと逆向きに並べ替えたものが、逆向き二足歩行の連続分解写真となる（写真13）。

従って、逆向き二足歩行の初期における訓練では、まず始めにＢＢＣの基本歩行運動を「イチ、ニー、サン、シ」のかけ声に合わせて四歩だけ行い、直後にその四歩を逆戻りさせるように「ニー、ニー、サン、シ」のかけ声に合わせながら記憶の中に残っているそれまでの四歩の運動を逆になどるように自分の身体を動かしていく（写真14）。

この反復訓練で逆向き二足歩行での身体運動を確認したならば、それが実際に両膝を軽く曲げ上体を乗せた腰と腹をいっしょに左右に交互に回転させることで、股関節からぶら下がっている両脚を交

写真 13　連続分解写真 12 のコマを逆順に並べたもののように映る逆向き二足歩行。

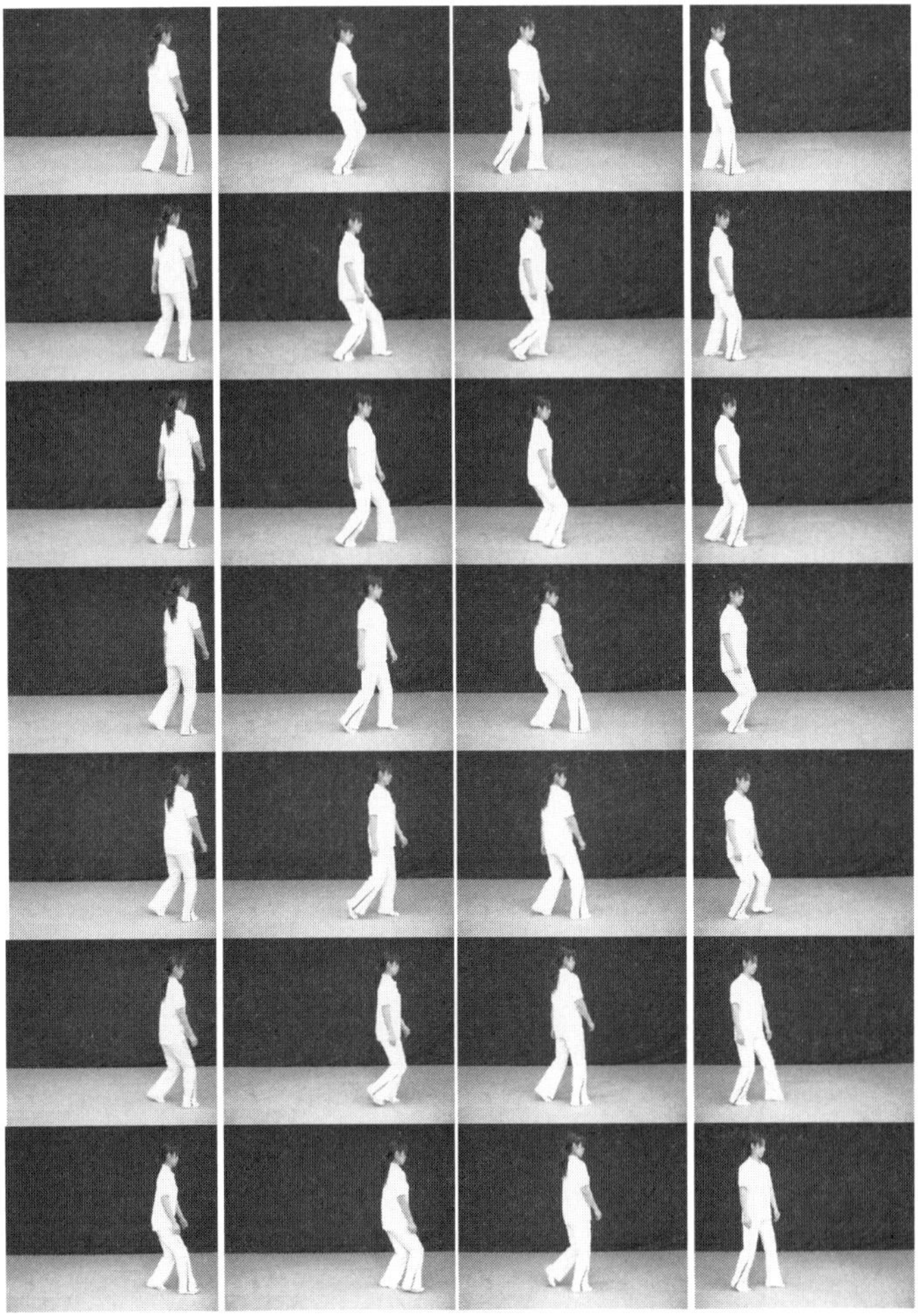

写真 14　両膝を軽く曲げ、上体を乗せた腰を交互に左右に回転させることでまず四歩ＢＢＣの歩き方で前に進んだ後、その四歩を遡るかのように後に進む逆向き二足歩行運動を連続分解撮影したもの。

互に後方に引き出す動きになっていることがわかる（写真15）。

この運動もまた、１００歩から２００歩程度の歩行運動を続けながら身体各部を緩め、肩

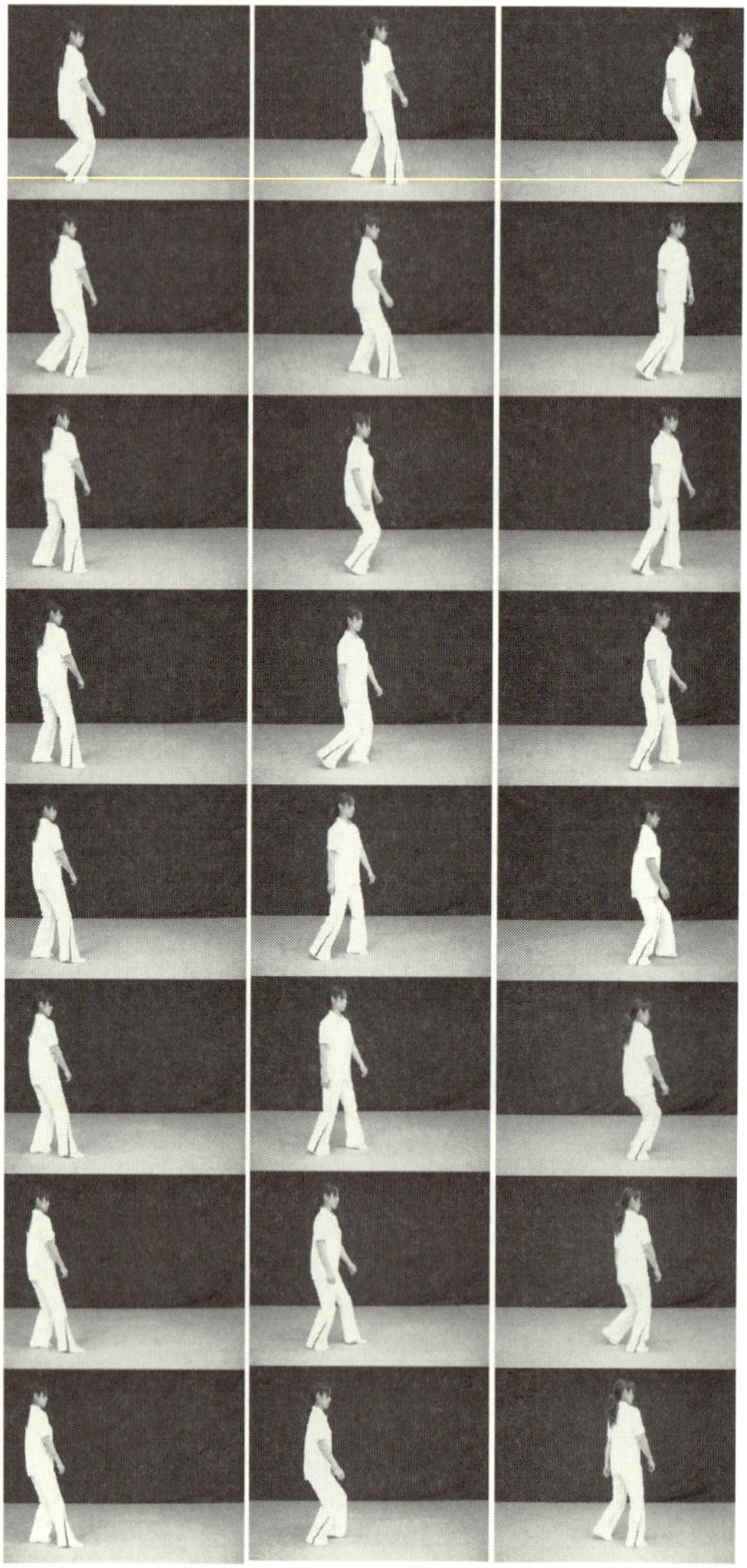

写真 14
（つづき）

と肘の関節や股関節と膝関節に隙間を作るイメージを抱くようにしながら、腰の回転に合わせて「イチ、ニー、サン、シ、ニー、ニー、サン、シ」などと発声しながらやると、錐体外路系神経支配への移行が容易になる。ＢＢＣの教程では、逆向き二足歩行運動の訓練においても「イチ、ニー、サン、シ、ニー、ニー、サン、シ」というかけ声を繰り返しながら腰の回転を行うことにしている。ただし、前

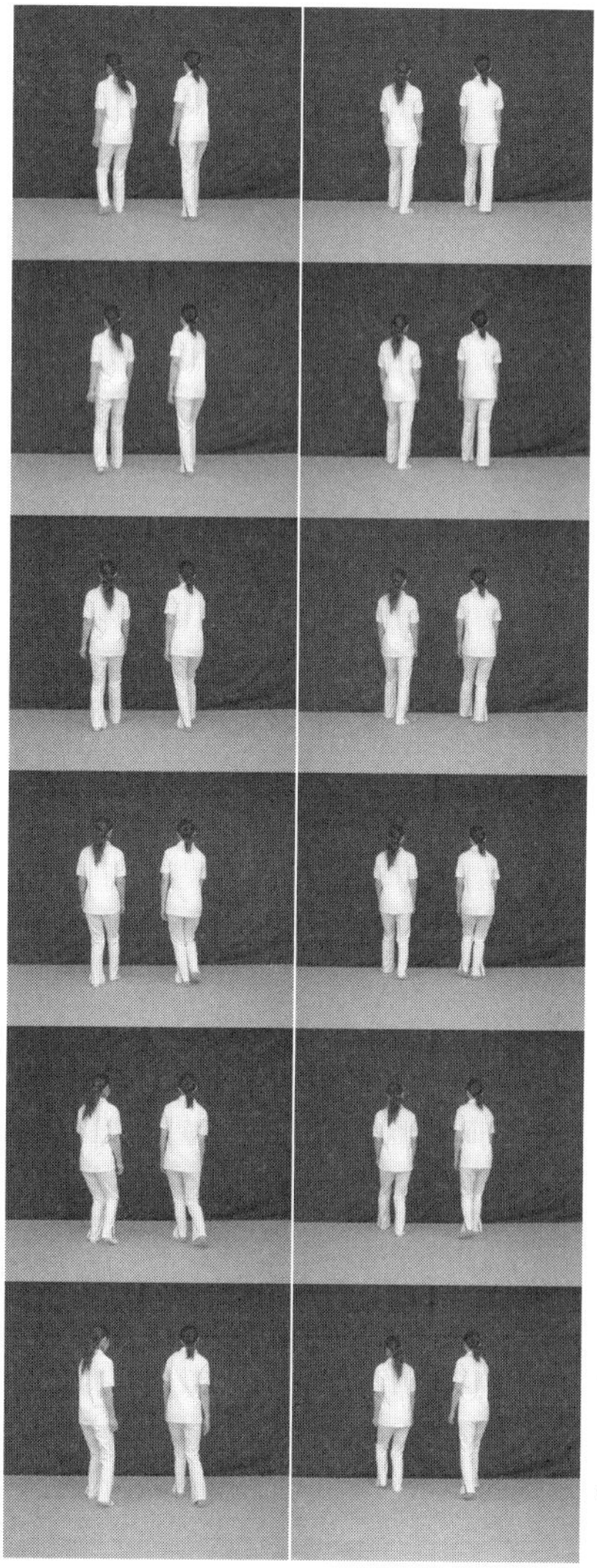

写真15　両膝を軽く曲げ、上体を乗せた腰を交互に左右に回転させることで後に進むＢＢＣにおける逆向き二足歩行運動を連続分解撮影したもの。

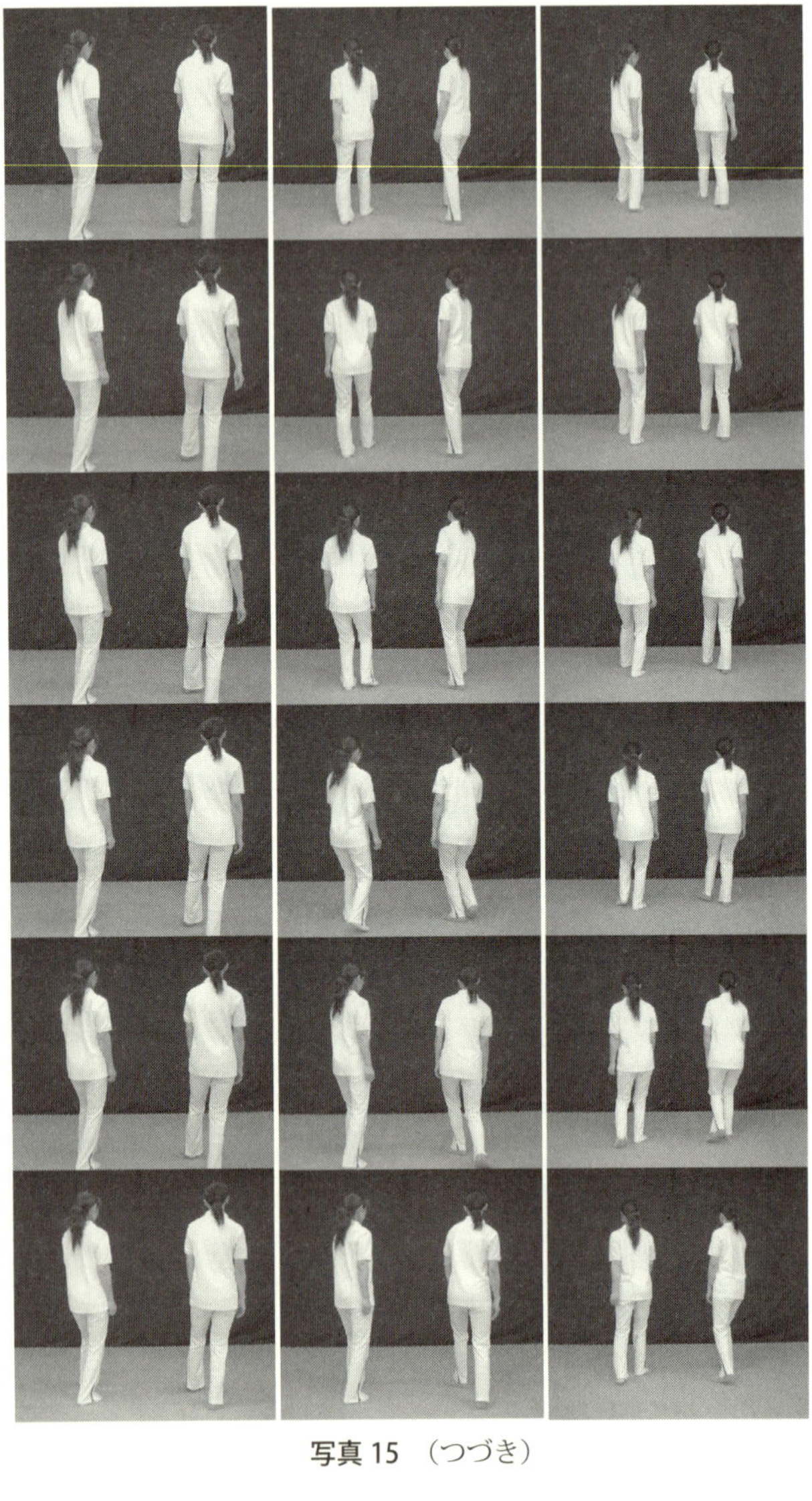

写真 15　（つづき）

向きの歩行と違って障害物などを見ることができないため、訓練開始前に後ろ向きに進んでいく範囲の安全性を確認しておくことを心がけよう。複数の人達で同時に訓練する場合には、間隔を広く取って整然と並んでから同一方向に歩き始めることで（写真16）、互いに衝突したりする事故を防ぐことができる。

写真 16　複数の人達でＢＢＣにおける逆向き二足歩行運動を訓練するときは、間隔を開けて同一方向に歩いていく。

写真 16
（つづき）

BBC第二課　呼吸法

――実際に呼吸をする前に――

呼吸については、単に血液中の酸素濃度を高めるために酸素・二酸化炭素交換器として働く肺臓に新鮮な空気を取り込んだ後に排出する身体運動であるという、純粋に生理学的な捉え方以外にも様々な観点から論じられてきた。特にギリシャ、ペルシャ、インドの古代文明などでは呼吸によって人間の本質である魂が身体の中に入ってくると考えられ、例えばギリシャ語やラテン語では「息」を表す言葉によって「魂」が表現されるようになっている。このように、呼吸そのものが人間の内面と深く関わったものとして捉えられてきたことから、ヨガの行者や禅僧が瞑想状態に入るために特別な呼吸の仕方、つまり呼吸法を利用してきたこともうなずける。また、生死をかけた闘いの場面に身を置く武道家が精神的な極限状況に耐えられる内面を作るために、やはり特別な呼吸法を修得してきたこともあり得ることだ。

一九七〇年代に米国西海岸で興ったいわゆる対抗文化（カウンターカルチャー）運動の頃、瞑想時におけるヨガの行者について様々な医学的研究が行われたことは広く知られているが、瞑想時の呼吸数と心拍数がどちらも正常値の半分以下に維持されることなどもそこで明らかになった。これは呼吸法のやり方が単に呼吸数を減らすというものだということを示しているのではなく、瞑想のためのヨガの呼吸法によって交感神経と副交感神経の支配が意図的に制御された結果、呼吸数も心拍数も極度に低下した状態を維持できていると理解されている。

そのような呼吸法はヨガだけでなく、古代インド医術から伝わったとも考えられる中国医学における気功や、日本で独自に生み出された幾つかの整体法においても中心的な役割を果たしている。例えば野口晴哉の整体操法においても、錐体外路系の神経支配によって無意識に自発する身体運動である活元運動を始めるとき、正座して胸の前で両手を合掌させた上でその合わさった掌の中心から息を吸い込むようにイメージしながらゆっくりと呼吸をしていくことが求められる。

また、各地に残る民間療法の中には、眠気を覚ます必要があるときには左の鼻の穴から息を吸って右の鼻の穴から息を吐けばよいいし、逆になかなか寝付かれないときには右の鼻の穴から息を吸い左の鼻の穴から息を吐くことですぐに眠れるというものもある。これは、左の鼻の穴から息を吸って右の鼻の穴から息を吐くという呼吸法によって交感神経が活性化され、逆に右の鼻の穴から息を吸い左の鼻の穴から息を吐くという呼吸法で副交感神経が活性化されることを物語っているのかもしれない。左右の鼻の穴における吐気のとおりやすさと脳神経活動が関連していて、左の鼻の穴がとおりやすいときは副交感神経が活性化され、右の鼻の穴がとおりやすいときは交感神経が活性化されるという説もある。

交感神経が活性化されると意識活動が活発になり気分の高揚につながり、逆に副交感神経の活性化の場合には意識活動が緩やかになり気分が落ち着いてリラックスできるといわれているが、交感神経と副交感神経に作用する呼吸法としてはこの他にも多くのものが経験的に知られてきた。例えば鼻から息を吸い鼻から息を吐くという呼吸法では副交感神経が活性化され、鼻から息を吸い口から吐くという呼吸法では交感神経が活性化される。また、呼吸のテンポを速めれば交感神経が活性化され、テンポを緩めれば副交感神経が活性化されるという呼吸法もある。椅子に座って呼吸すると交感神経が活性化され、立ったまま呼吸すると副交感神経が活性化されるともいわれるが、同じ座るのでも正座や胡座《あぐら》などの場合には副交感神経が活性化されるようだ。

呼吸法はこのように自分自身の身体組織の生理的活性に影響を与えるだけではなく、近くにいる他の人に対しても影響を与えることも知られている。例えば二人の人間が同じ部屋にいるときなど、呼吸の回数や深さなどがどちらか一方の人間のものが他方の人間のものに近くなっていくというい わゆる引き込み現象も報告されているが、催眠術や気功による麻酔効果などの初期の場面での準備的段階でもこのような呼吸の引き込み現象が見られるようだ。また、気功治療や整体療法においても錐体外路系の神経支配を受けている身体運動である患者の呼吸運動を施術者が制御し、吐気と吸気との隙間に発生する精神的空白による自然な無抵抗状態の瞬間を意図的に生み出し、その瞬間に治療を行うという技法が普及している。この場合、患者の呼吸が施術者の呼吸に引き込まれるような呼吸法を施術者自身が用いているのだ。

同様の呼吸の引き込み現象としては、剣術など武道の試合の場面においてもその存在が知られている。例えば、互いに木剣を構えて向き合う剣士二人のうち、自分の呼吸のペースが相手の呼吸に引き込まれてしまった者が負けるという経験を持つ剣道家は多い。あるいは、ふと気づくと相手の呼吸に完全に引き込まれていたため、とっさに意図的に息を吐ききって呼吸のリズムを変えてしまったのが功を奏し、相手の攻撃を巧みにかわして反撃に転じることができたという話もある。

以上のように、呼吸を盗まれる、あるいは呼吸を読まれるということは、武道の世界においては致命的となることであり、それが物語っているのは人間の呼吸は自分自身の身体運動や精神活動のみに影響を与えるのではなく、近くにいる他の人の身体運動や精神活動に対しても影響を与えるということだ。少林寺拳法の型は法形と呼ばれるが、そこでは意図的に呼吸を停止した状態で攻撃や防御を組み立てているものが多い。その理由のひとつには、相手の呼吸に引き込まれることで自分の身体動作や内面が本来のものから曲げられてしまうのを防ぐということがある。

その流れを汲んだボディーバランス・コミュニケーション（ＢＢＣ）においては、呼吸法の運用を特に重要視している。生死をかけた他者との争いに勝つという武道の目的のために発展させられてきた相手の呼吸を自分の呼吸に引き込ませるような呼吸法を、ストレスの多い現代社会において弱者となりがちな殻に閉じこもって出ていかない人に対して用いることにより、より積極的な行動がとれるように導くというのがＢＢＣの中心的技法でもあるからだ。

さあ、ＢＢＣにおける呼吸法を思う存分楽しんでみよう。

――イメージ呼吸――

ＢＢＣでは「イメージ呼吸」を用いる。イメージ呼吸においては、本来は腹式呼吸とか胸式呼吸とかを意識しない自然呼吸を基本としているが、イメージ呼吸修得の初歩的段階では意図的に腹式呼吸を用いる。それは、腹式呼吸によって副交感神経が交感神経よりも優位となるため、内面を落ち着かせるだけでなく身体全体を緩やかにしリラックスさせる効果があるためだ。そして、腹式呼吸を用いて呼吸のタイミングを身体運動に同調させることができるようになった段階に達してからは、腹式呼吸の代わりに自然呼吸を用いる。そうすることによって、目標とする「イメージ呼吸」に最も早く到達することができるに違いない。何故なら、最初から自然呼吸を用いた訓練では、その自然呼吸そのものを意識することが難しく、そのため呼吸に精神的なイメージを付与するという内面操作を的確に行うことができないからだ。

呼吸という身体運動には、肺呼吸、皮膚呼吸、心理呼吸があるといわれている。BBCにおいては、これらを全て統合した呼吸という意味で「イメージ呼吸」という呼び名を使っている。即ち、空気だけを呼吸するのではなく、大自然そのものを呼吸するというイメージを膨らませていくが、当然ながら自分や他者も含めた人間存在もその中に含まれることになる。

まずは、腹式呼吸による肺呼吸に身体動作を同調させ、さらには内面操作によるイメージを付与することによって、「イメージ呼吸」の明確なイメージを創り上げよう。こうして「イメージ呼吸」を身につけることができた後には、その意図的な腹式呼吸をやめて自然呼吸に戻せばよい。そのとき発現する「イメージ呼吸」が真の「イメージ呼吸」となるのだ。

腹式呼吸の訓練としては、胡座をかいて座る形で始めるのがよい。胡座での正しい座り方は、骨盤を立てた状態でお尻をできるだけ後にし腰椎は逆に可能な限り前に出した上で、上体は正中線が鉛直になるように力を抜き両腕を腹の前で脚に乗せて肩を楽に垂らしておくというものになる（写真17）。

写真 17　お尻を思い切り後にするように骨盤を立て、背骨をおへそのあたりで思い切り前にする正しい座り方。

胡座で座った状態では特に腹部の感覚が大きくなるため、腹式呼吸の訓練が容易になる。さて、深呼吸や腹式呼吸を意図的に行う場合には、腹部の横隔膜の運動を錐体路系の神経支配によって制御することになるが、そのような強制的な腹式呼吸は身体運動の改善目的や精神的な内面操作のためには役に立たない。二足歩行運動について見てきたとおり、ＢＢＣにおいては錐体外路系の神経支配による身体運動が可能となるように訓練するが、腹式呼吸についても全く同様となる。即ち、錐体路による意識下での身体運動としての腹式呼吸を、錐体外路を介した無意識の身体運動としての腹式呼吸へと移行させることにより、短時間のうちに理想的な腹式呼吸法を身につけることができるのだ。

では、どのようにすれば錐体路系の神経支配による腹式呼吸を錐体外路系の神経支配による腹式呼吸に変えることができるのだろうか？　腹式呼吸を訓練として意識しながら行っているうちは錐体路系の神経支配のままであり、これを錐体外路系の神経支配に移行させるには長期間にわたる訓練の持続による慣れに頼らざるを得ない。しかし、このやり方では完全に移行してしまうまでに最低でも二ヶ月以上の期間が必要となることが経験で知られている。

ＢＢＣにおいては、数回の授業や講習の中で完全移行が可能となる手法を利用することになるが、それは身体運動についての目的と行動をずらせるというやり方だ。通常の身体運動訓練においては、訓練動作時に動作目的を明確に意識しながら行う。そのため、大脳皮質運動野から錐体路を経由する神経伝達が活発となってしまい、いつまでも大脳皮質による神経制御を受ける身体運動であり続ける。ところが、訓練動作時に意識する動作目的をわざと本来のものとは異なったものに変えておけば、大脳皮質の活性と身体運動のつながりを弱くすることができ、その神経制御を小脳や延髄から錐体外路を経る神経伝達に移行させやすくなると考えられる。

このような訓練手法はスポーツ科学に裏付けられた近代的トレーニングの場面では見られないが、伝統的な武道修行の場面では珍しいものではない。少林寺拳法では、実際の拳法訓練に入る前に鎮魂行や作務によって拳法に必要な各種身体動作の下準備をしているが、これは拳法の動作を相手を突いたり蹴るという本来の目的とは違った清掃作業という目的の下で行わせることになっていて、錐体外路系の神経支配を活性化するのに役立っている。

また、ハリウッド映画『ベストキッド』の中では、主人公の白人少年が空手の達人ミヤギさんに空手を習う場面が多く描かれているが、そこでは空手の様々な防御動作を教えるときに相手の突き蹴りからの防御という本来の目的とは違う、刷毛を使った住宅外壁のペンキ塗りや自動車のワックスがけなどという目的の下で連日延々と働かされる場面があった。それによって本人が気づかない間に錐体外路系の神経支配による防御動作ができるようになっていた主人公は、いざ本当に空手の技を繰り出すときに手足が無意識のうちに素早く動いて適切な防御動作が実現されることに驚くのだ。

胡座での腹式呼吸についても、このような武道の伝統的な技法でもある訓練動作時に意識する動作目的を本来のものと違えるというやり方を用いることにより、短期間で錐体外路系の神経支配に移行させることができる。

――腹式呼吸の訓練――

骨盤を立てた状態でお尻をできるだけ後にし、腰椎は逆に可能な限り前に出す。そして、上体は正中線が鉛直になるように力を抜き、両腕を腹の前で脚に乗せて肩を楽に垂らしておくというのが、胡座での正しい座り方だった。この胡座の状態で気分を落ち着けてから、まず臍の下の部分で肛門部から正中線を上に上がった丹田と呼ばれる一点を中心にする直径二十センチ程度のゴムの球体が下腹部にあるとイメージしよう。その上で、腹筋や腰の筋肉を緊張させ球体をお腹全体で包み込むようにして押し縮める動作と、その緊張を緩めて球体を少し拡げるような動作を繰り返す。

これが、BBCにおける腹式呼吸の訓練となる。この訓練時には、呼吸をするという目的意識はない。動作目的としては、あくまで数秒間隔（自分のペースで「いち、にー、さん、し」と数を数えるのもよい）で下腹部内部を周囲から圧迫するというものがあるだけだ。だが、この動作を繰り返していくうちに気づくかもしれないが、注意して自分の鼻の穴を通過する空気流を皮膚感覚で観察してみると、下腹部内部を周囲から圧迫する動作を行っているときには鼻の穴を外から中に向かって通過している空気流がある。また、腹筋や腰の筋肉の緊張を緩めたときには、鼻の穴を中から外に向かって通過している空気流を感じることができる。つまり、肺の中の空気が鼻をとおして出入りを繰り返している、つまり呼吸をしていることがわかる。

このような身体運動は呼吸目的とはつながっていない呼吸動作であり、錐体路系の神経支配にはなりにくく、短期間で錐体外路系の神経支配へと移行してくれる。その結果、胡座の姿勢で無意識に呼吸をする場合には、常にこのような下腹部内部を周囲から圧迫する身体運動を伴う呼吸動作が自然に湧き出てくるようになるのだ。これが、ＢＢＣにおける腹式呼吸の第一ステップとなる。

第二ステップは、座り方を胡座から正座に変えることだ。正しい正座の仕方は、両脚の親指を互いに重ね合わせることはせず、横に接するようにして腰の下に置く。そして、胡座のときと同様に骨盤を立ててできるだけ後にやり、背骨は腰椎の部分を最大限前にやる。また、正中線が鉛直になるように上体の力を抜き、両腕を腹の前で脚に乗せて肩を楽に垂らしておくのも同じ（写真18）。

写真18　お尻を後にして骨盤を立て、背骨をおへそのあたりで思い切り前にする正座。

このような正座の場合においても、丹田を中心としたゴム球をイメージし、そのゴム球を腹筋や腰の筋肉を緊張させることで周囲から圧迫する動作を数秒おきに繰り返す。これもまた胡座と同じで、呼吸目的とはつながらない呼吸動作となるため、錐体路系の神経支配にはなりにくい。その結果、短期間で錐体外路系の神経支配となり、正座姿勢で無意識に呼吸をする場合には、常に下腹部内部を周囲から圧迫する身体運動を伴う呼吸動作が出てくるようになる。これが、ＢＢＣにおける腹式呼吸の第二ステップとなる。

腹式呼吸の仕上げは、二足直立した状態と二足歩行する状態における腹式呼吸の確認だ。第一ステップと第二ステップの訓練によって、錐体外路系の神経支配によるＢＢＣの腹式呼吸を数回の授業や講習会で身につけた後は、胡座や正座以外の姿勢や、さらには空間移動を伴う歩行などの身体運動を行う場合にも、何ら意識することなく常にＢＢＣの腹式呼吸をすることができる。その点を確認するために、第一課で身につけたＢＢＣの自然な立ち方で二足直立してみよう。即ち、図5で示されたように、肩幅に開いた両足やつま先がお腹や腰に隠れて自分で見下ろしても見えなくなるようにお腹を前に突き出し、腰骨を限界まで前に張り出した形で両脚の骨が前方に傾斜し、背骨が全体として後に傾斜するように立つ。

このようなＢＢＣでの二足直立姿勢では、胡座や正座で訓練した下腹部内部を、腹筋と腰の筋肉を緊張させて周囲から圧迫するときの骨盤と背骨及び腹部の配置関係がそのまま実現されているため、胡座や正座での自然な呼吸がそのまま誘導されるはずだ。しばらく静かに立った後に、注意深く自分自身の腹筋や横隔膜の緊張や弛緩、さらには鼻の穴を通過する空気流について感じ取ってみれば、腹筋や腰の筋肉を緊張させて下腹部内部を圧迫する動作を繰り返す腹式呼吸が実現されていることがわかる。

両膝を軽く曲げ、上体を乗せた腰を交互に左右に回転させることで前に進むＢＢＣにおける二足歩行運動についても、注意深く自分自身の腹筋や横隔膜の緊張や弛緩、さらには鼻の穴を通過する空気流について感じ取ってみれば、二足直立時と同様にやはり腹筋や腰の筋肉を緊張させて下腹部内部を圧迫する動作を繰り返す腹式呼吸が実現されていることに気づくだろう。あるいは、逆向き二足歩行についても、やはりそうなっていることがわかる。

それもそのはずで、ＢＢＣにおいては二足直立や二足歩行あるいは逆向き二足歩行といった基本的な身体運動は、ここで見てきたＢＢＣの腹式呼吸と調和するように生み出されてきたものなのだ。二足歩行の身体運動の中に腹式呼吸法が自然な形で埋め込まれているからこそ、ＢＢＣでの歩き方は呼吸をとおして、つまり交感神経と副交感神経のバランスを取ることで、身体組織の生理的活性や精神活動に影響を与えることができるのではないだろうか。

――相対イメージ呼吸法――

腹式呼吸法はこのように自分自身に影響を与えるだけではなく、対面する他の人間に対しても影響を及ぼすことができる。とはいっても、相手の呼吸を自在に制御できるようになる、あるいはそのような雰囲気を作ることができるには相当の訓練が必要であり、数回の授業や講習会で達成できるものではない。武道の試合において、対戦相手の呼吸のペースを自分の呼吸に引き込むことで相手の動きを封じるなどという妙技を使えるのは、長い歴史の中でもほんの数人しかいない達人だけのようだ。

しかし、BBCは武道の試合のように相手と対立するのではなく、むしろ相手といっしょになって協調して動くことにより相手も自分も共に社会生活に積極的に取り組んでいくことを目的としている。従って、自分ひとりの努力だけで相手の呼吸を一方的に引き込むという達人技などは必要ない。求められているのは、むしろ最初から積極的に相手と協同して呼吸を合わせていくという誰にでもすぐにできる呼吸法だ。BBCではこれを相対イメージ呼吸法と呼んでいるが、それは相対する二人の間で呼気をキャッチボールするイメージで呼吸を調和させることによる。

この呼吸法は、空気だけではなく大地のエネルギーも相手の全存在をも吸収し、また空気は大空に、エネルギーは相手をとおして大地に返していくという「イメージ呼吸」となっている。この点に注意しながら、ここで実際にやってみよう。

二人一組で行うのだが、両者BBCの立ち方で向き合い、両手は脇を軽く開くように肘を外側に曲げて掌を各自の胸の前三十センチメートル程度のところで内側に向ける。両者の間は、ちょうど各自の胸の前で内側を向けている掌の甲の側同士が触れるような距離にしておく（写真19）。このとき、各自は相手の眼を見るのではなく、ＢＢＣにおける基本的な歩き方のときと同じで、錐体外路系の神経支配を活性化させるために視野全体をぼんやりと眺めるようにするのがよい。

写真 19　相対イメージ呼吸法のための立ち位置と姿勢。

このとき、両者ともに腹式呼吸をするのだが、互いに相手と無関係に呼吸していたのでは相対する二人の間に何もつながりは生まれない。そこで、呼気をキャッチボールすることを考える。つまり、一方の人（Ａさん）が腹式呼吸で息を吐くときには、自分が足裏から吸い上げ、鼻から吐く呼気を相手（Ｂさん）に向かってゆっくりと大きく山なりに、頭上から足裏まで飛ばすかのようにイメージする。同時にＢさんは腹式呼吸で息を吸うのだが、相手のＡさんからゆっくりと大きく山なりに飛んできた呼気を、相手の足裏から頭上を経て自分の鼻から吸い込むかのようにイメージする。次いで、Ｂさんが Ａさんに向かって呼気を大きく山なりに飛ばすように腹式呼吸で息を吐くと同時に、ＡさんはＢさんから飛んできた呼気を吸い込むようにして腹式呼吸で息を吸う。後は、このような呼気のキャッチボールを何回も続けていけばよい（写真20）。

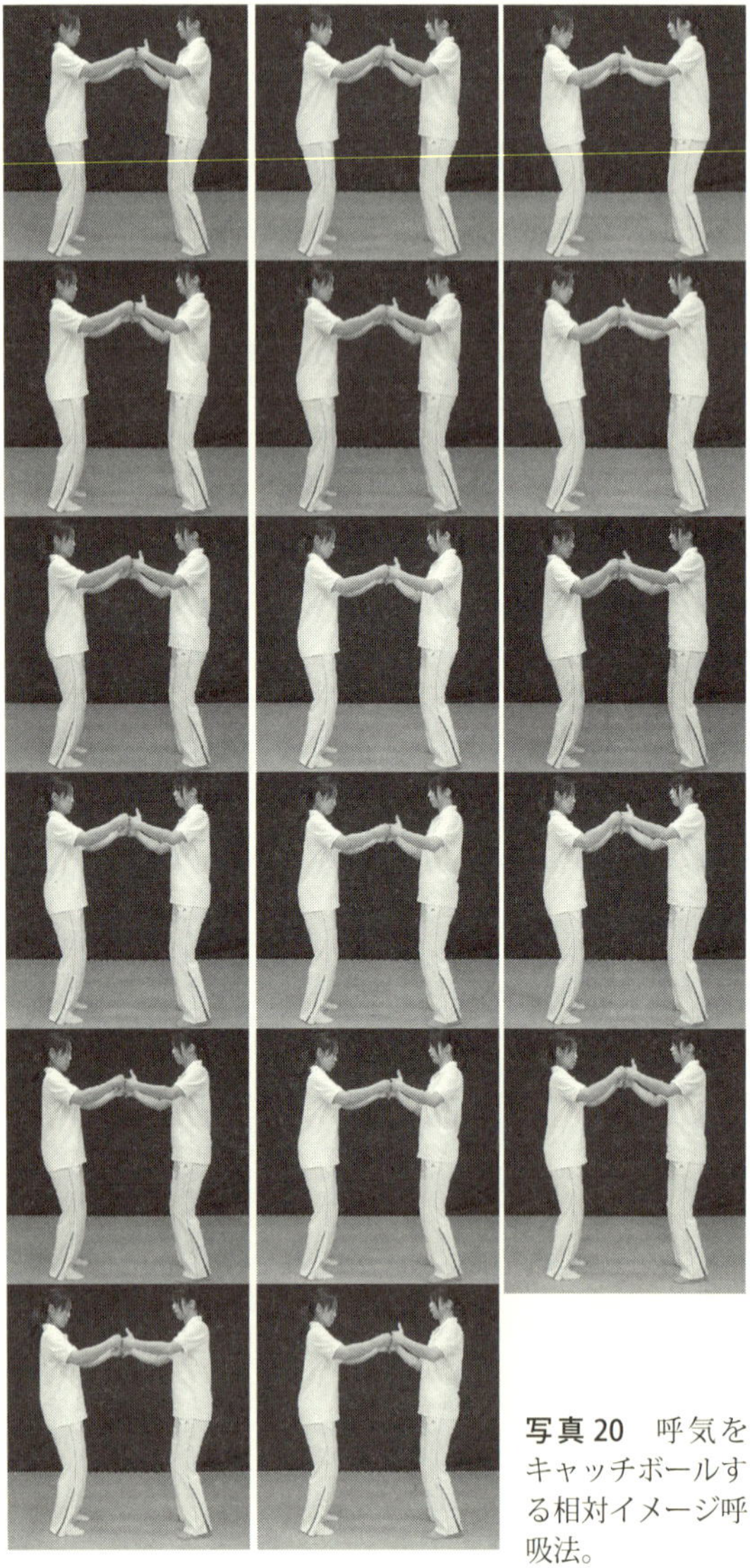

写真 20 呼気をキャッチボールする相対イメージ呼吸法。

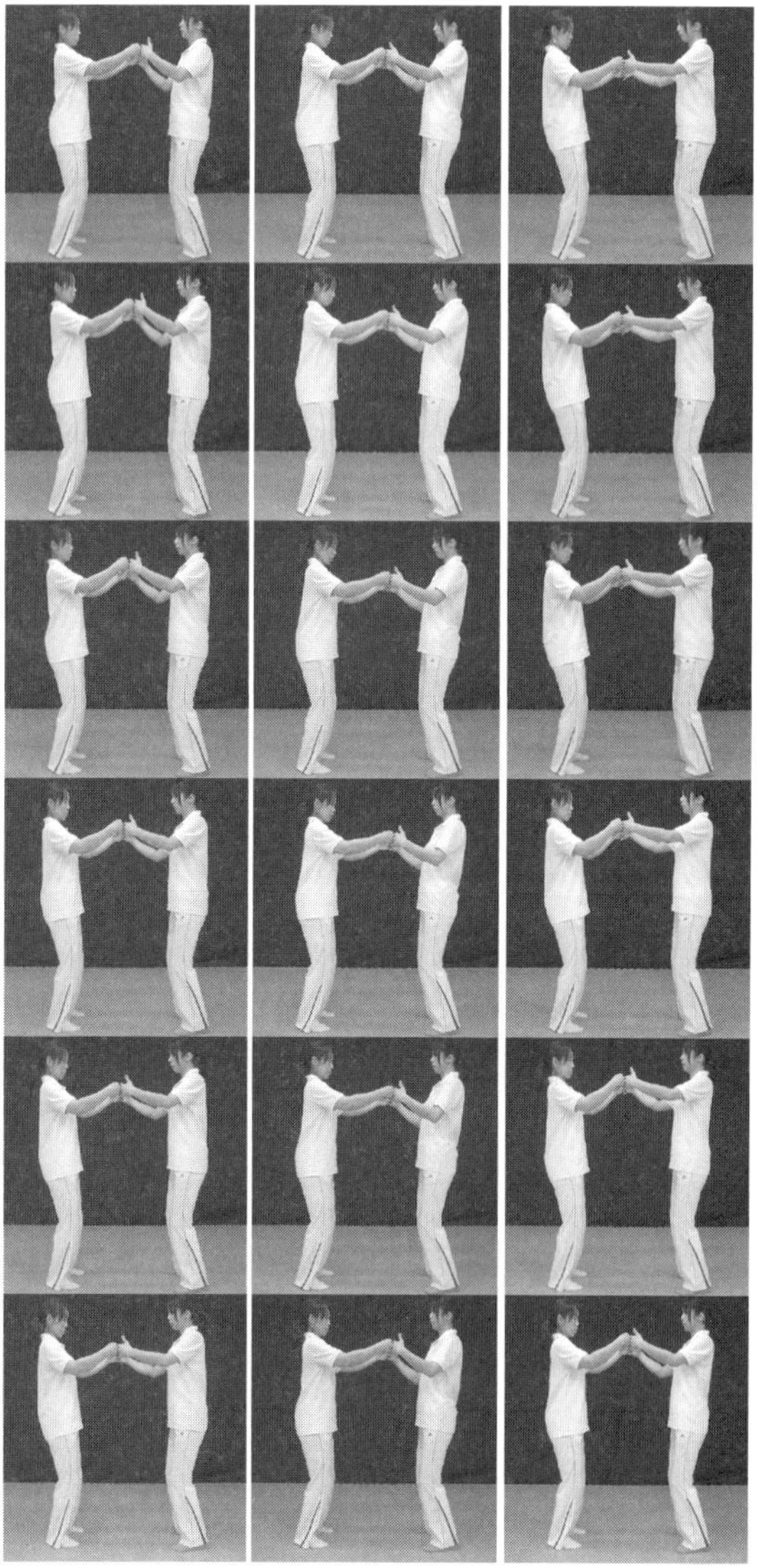

このような相対イメージ呼吸法を続けることにより、互いに相手との間で協調した身体運動が可能になるだけでなく、交感神経と副交感神経のバランスを共有することで、内面的な働きも互いに調和したものになっていく。ただし、慣れないうちは互いに相手の腹式呼吸を読み取ることが難しいため、

うまく呼気のキャッチボールができないかもしれない。そのため、相対イメージ呼吸法の訓練においては、指導者が「いーち、にーい」などと数を数えるように発声するタイミングに合わせて両者が腹式呼吸を連動させることが望ましい。指導者不在での訓練では、互いに息を吐くときだけ「いーち」というかけ声をかけるようにすればよいだろう。

即ち、Aさんが腹式呼吸で息を吐くときには、「いーち」と発声しながら自分が鼻から吐く呼気をBさんに向かってゆっくりと大きく山なりに飛ばし、同時にBさんはAさんからゆっくりと大きく山なりに飛んできた呼気を自分の鼻から吸い込むかのようにAさんの「いーち」という発声に合わせて腹式呼吸で息を吸う。次に、Bさんが「いーち」と発声しながら呼気をAさんに向かって大きく山なりに飛ばすように腹式呼吸で息を吐くと同時に、AさんはBさんから飛んできた呼気を吸い込むようにしてAさんの「いーち」という発声に合わせて腹式呼吸で息を吸うというわけだ。

BBCにおいては、この相対イメージ呼吸法の訓練の進行に合わせ、例えば相手から飛ばされた呼気を吸い込む場合に単に呼気だけでなく相手の存在自体をも自分で吸い込んで受け入れるかのようなイメージを持たせるようにする。そして、呼気を相手に飛ばす場合には、単に呼気だけではなく自分の存在自体をも相手に向かって飛ばしていくようにイメージさせていく。古代の叡智では、二人の人間の間で呼気のやり取りをすることで、実は人間存在の根本である魂のやり取りをしているというのかもしれない。人間の本質である魂を自分の身体の中から相手の身体の中へと投げ入れることによって、相手との間に完全な調和が生まれるというのだ。

——裏合掌ろ漕ぎ呼吸法——

掌を合わせることを合掌というが、仏門の行である少林寺拳法においては相手に礼意を表すときには必ず眼前での合掌によって行い、合掌礼と呼んでいる。合掌のためにはまっすぐに正面を向かなくてはならないが、そのような立ち方としては第一課で学んだＢＢＣにおける基本的な立ち姿が望ましい（写真21）。また、右掌も左掌も指は開いた状態で、対応する指の腹をピッタリとつけるようにする（写真22）。

ＢＢＣの訓練においては合掌礼を用いることはないが、ＢＢＣの技法の元となった少林寺拳法開祖宗道臣師の親心に思いを馳せ

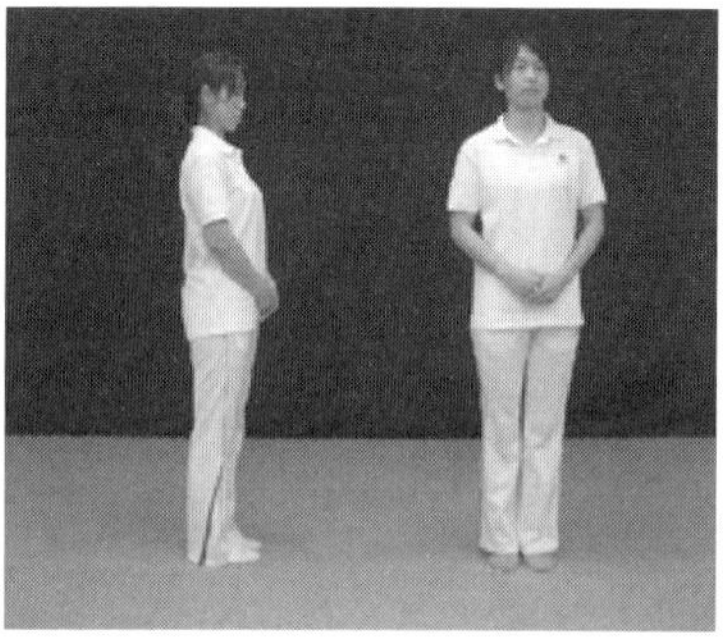
写真 21　基本的な立ち方。

る意味で、授業や講習会の開始時と終了時に全員で行うこともよいかもしれない。

右掌と左掌を合わせるのが合掌だが、右手の甲と左手の甲を互いにずらして合わせるのを裏合掌と呼ぶことにする。これを二人でする場合、例えば左手を少し前に出し、その手首の親指側に右手首の小指側が触れるようにして、双方の左手の甲の小指の根元同士が互いに合わさるように左右の手を組むことに他ならない（写真23）。同様にして右手を前にした裏合掌もあるが、それには右手首の親指側に左手首の小指側が触れるようにして、双方の右手の甲の小指の根元が合

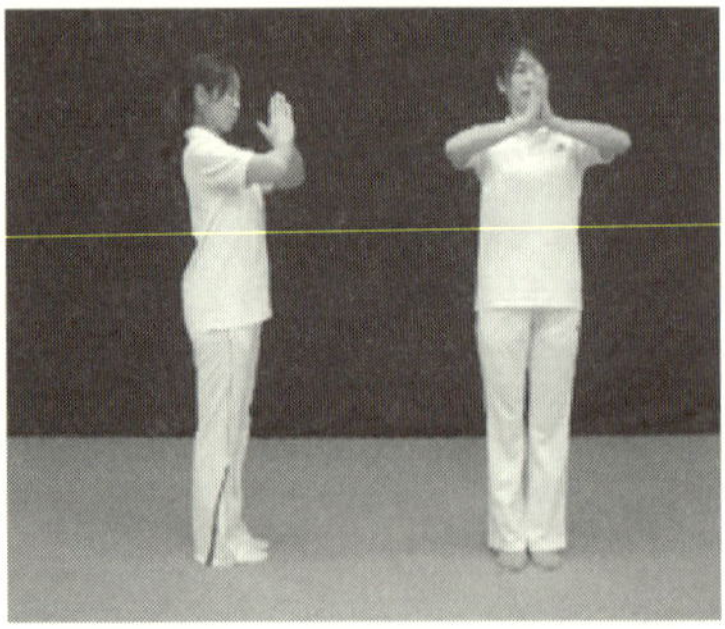

写真22　合掌礼での立ち方。

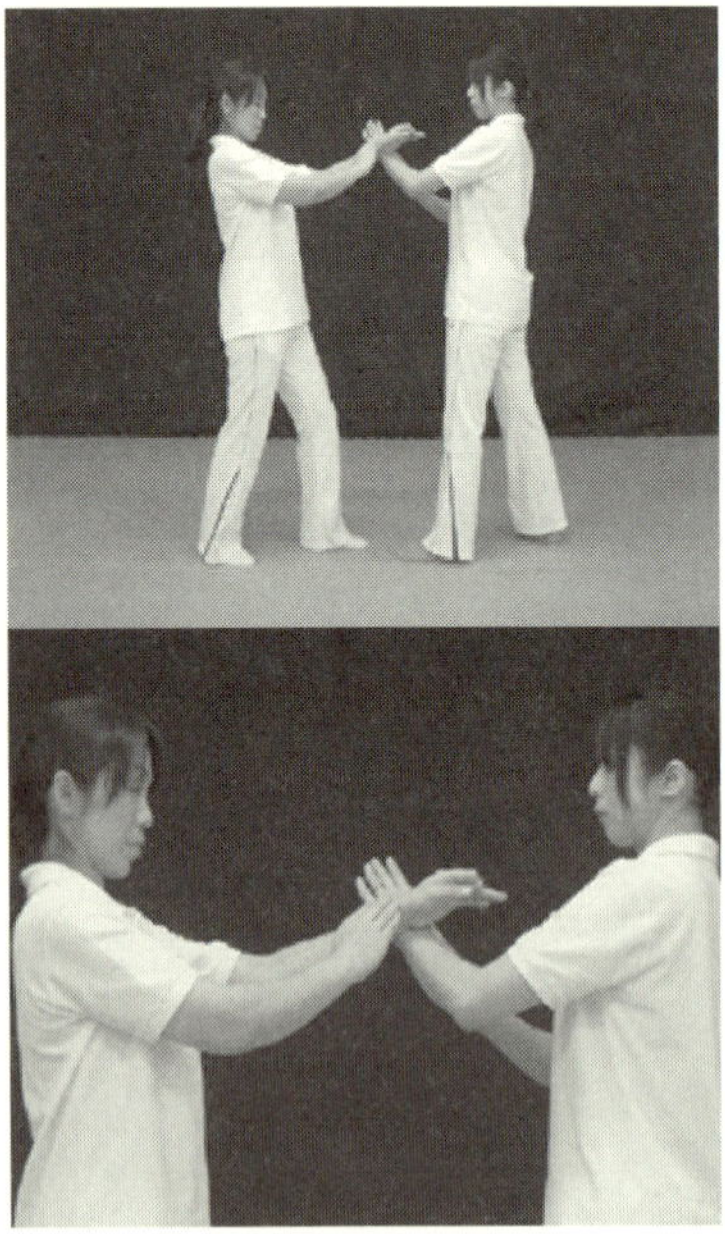

写真23　左手を前にした裏合掌時の手の部分。

わさるように左右の手を組めばよい（写真24）。

ＢＢＣで学ぶ次の相対呼吸法においては、この裏合掌の姿勢を用いる。

まず、相対イメージ呼吸法のときと同じように二人一組で両者ＢＢＣの立ち方で向き合い、各自の胸の前で内側を向けている掌の甲の側同士が触れるようにする。この位置から、両者とも左手を前にする裏合掌に移行しながら右足を軽く後に引いて立ち、相手の左手首の小指側と自分の左手首の小指

写真 24　右手を前にした裏合掌時の手の部分。

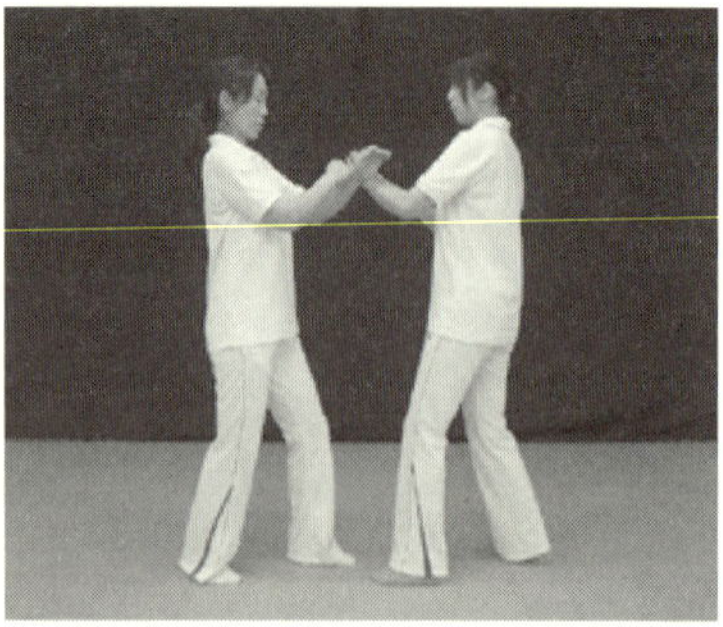

写真25　左手を前にした裏合掌を互いに左手首のところで合わせた手の部分。

側が合わさるようにする（写真25）。このような立ち方は武道では左半身と呼ばれるが、ＢＢＣにおいてもその呼び名を踏襲することにし、このような立ち方を裏合掌左半身と呼ぶことにする。

相対する両者それぞれが裏合掌左半身で立ち、互いに自分の左手首を相手の左手首に合わせたままにできたところで（写真26）、今度は先程の相対イメージ呼吸法と同じように大地からのエネルギーを相手をとおして呼吸するかのようにキャッチボールをしてみる。つまり、相手が立つ大地から自分が立つ大地までエネルギーが交

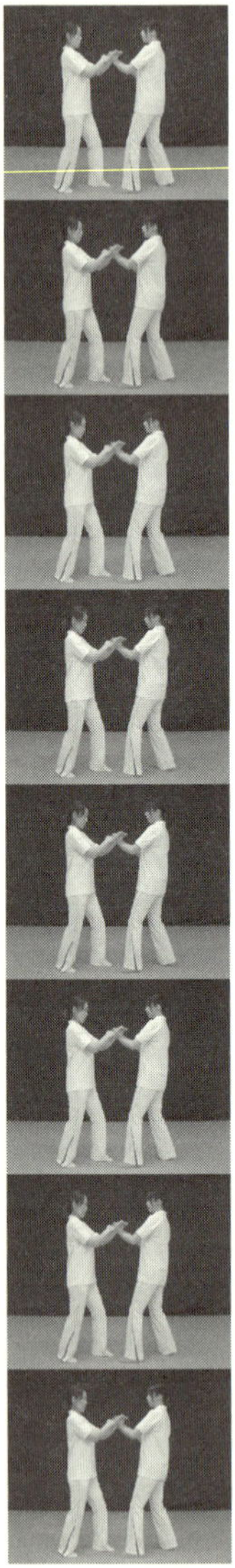

写真26　相対する両者が裏合掌左半身で立ち、互いに自分の左手首を相手の左手首に合わせたままイメージ呼吸のキャッチボールをする。

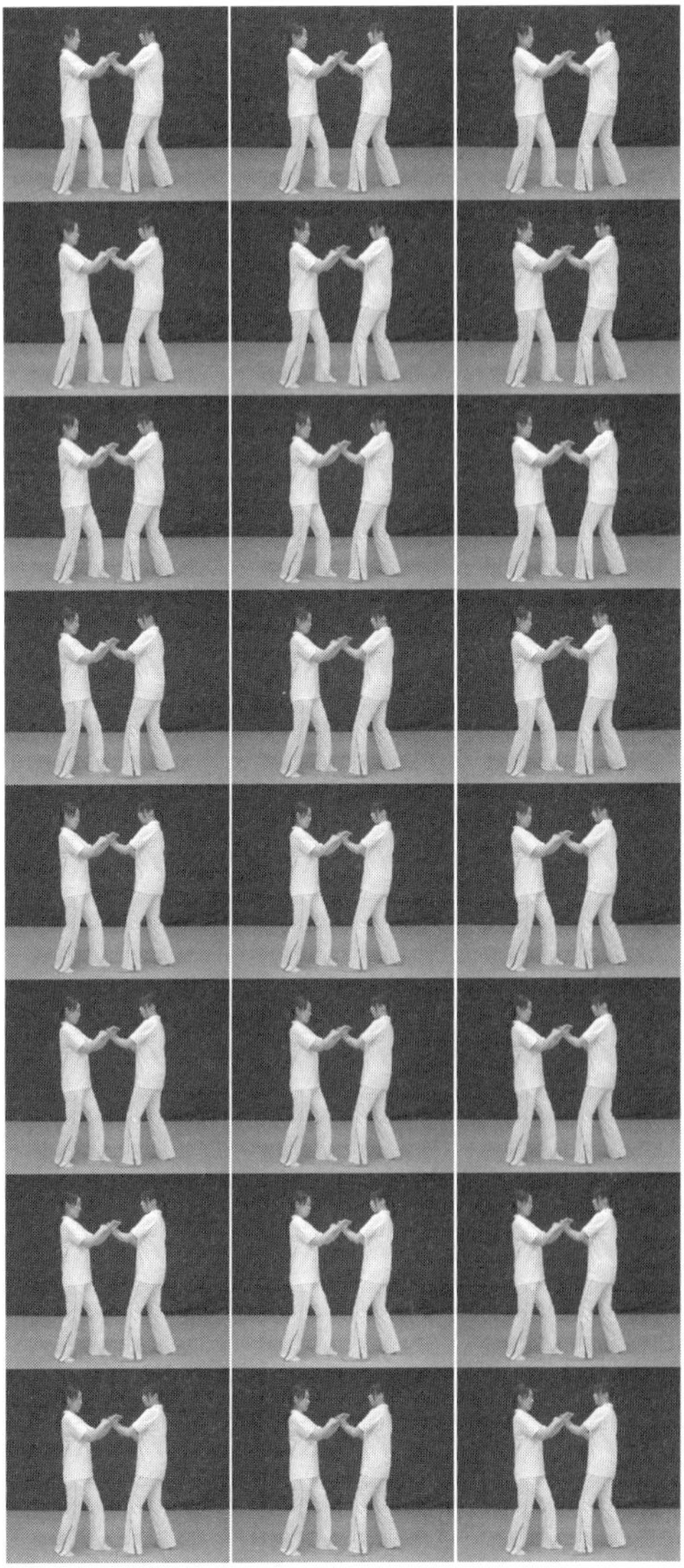

互に流れるイメージを持ちながら、全身全霊で呼吸のキャッチボールをするのだが、既に相対イメージ呼吸法をマスターしている二人であれば、これは簡単にできることだ。むろん、各自は相手の眼を見るのではなく、錐体外路系の神経支配を活性化させるために視野全体をぼんやりと眺めるようにす

る。また、指導者が「いーち、にーい」と発声するタイミングに合わせて両者がイメージ呼吸を連動させたり、指導者不在のときは互いに息を吐くときだけ「いーち」というかけ声をかけるようにして連動させる。

同様にして右手を前に出した裏合掌を用いても呼気のキャッチボールができるが、この場合は右足ではなく左足を後に引いて立つ右半身の姿勢となる（写真27）。

次に、裏合掌ろ漕き呼吸法を解説する。相対する両者が裏合掌左半身で立ち、互いに自分の左手首を相手の左手首に合わせたままイメージ呼吸のキャッチボールをする

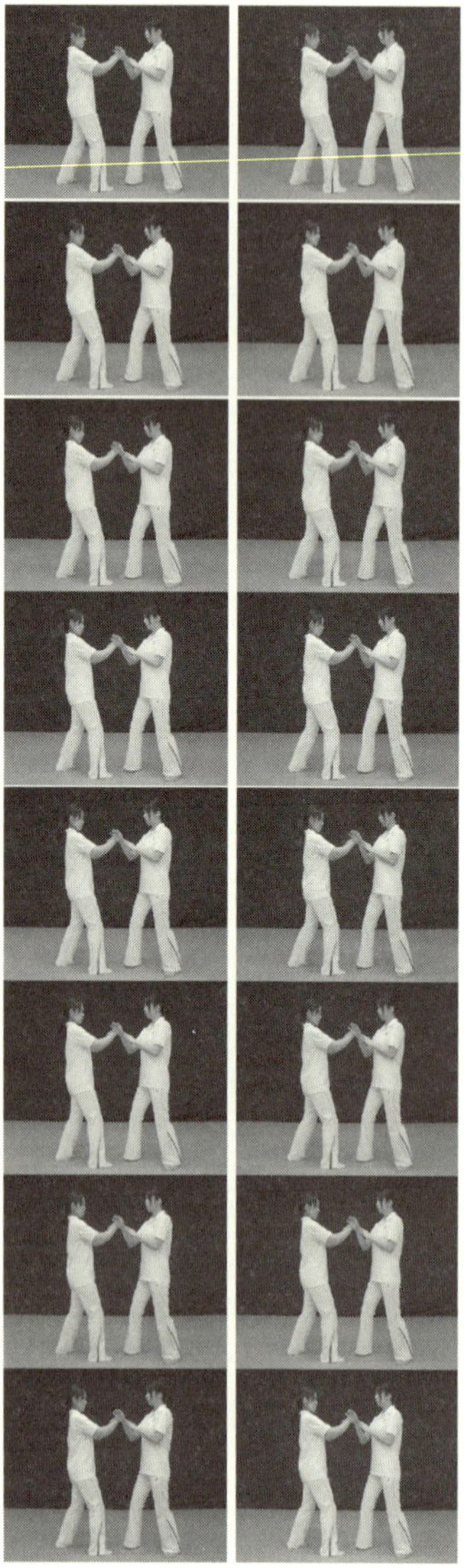

写真 27 相対する両者が裏合掌右半身で立ち、互いに自分の右手首を相手の右手首に合わせたままイメージ呼吸のキャッチボールをする。

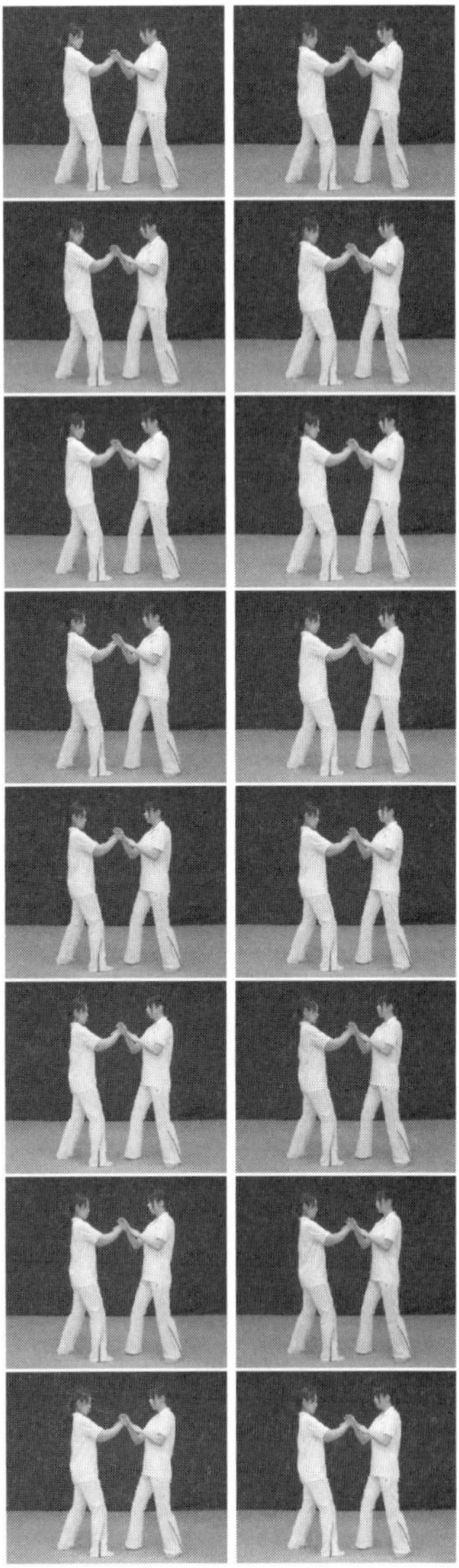

のだが、息を吸うときには左半身で上体をまっすぐ立てたまま膝と腰を後に引き寄せ、逆に息を吐くときには左半身で上体をまっすぐ立てたまま膝と腰を前に出す。裏合掌の手首は相手に合わせたままで、互いに上体を前後に移動させながらイメージ呼吸のキャッチボールをするわけだが、特に息を吸いながら腰を後に引くときには相手を抱きしめる、つまり無条件に受け入れるようなイメージで行うとよい（写真28）。さらには、息を吐きながら腰を前に出すときには、自分の存在を相手に完全に委ねる、つまり無条件に与えるようなイメージを持つことができるように努力する。

写真 28　左半身での裏合掌ろ漕ぎ呼吸法。

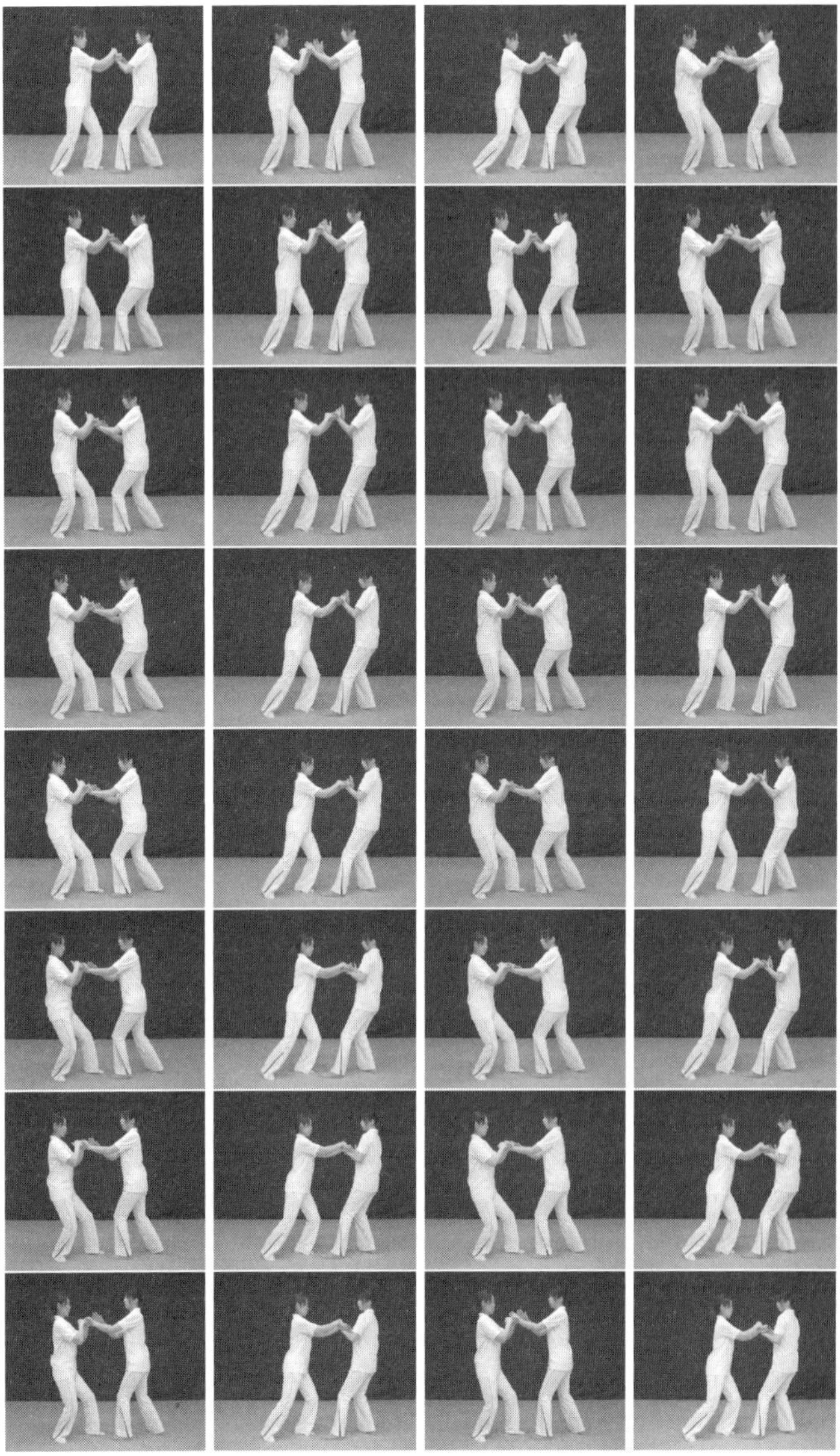

これが左半身で行う裏合掌ろ漕ぎ呼吸法だが、右半身でも全く同じようにできることはいうまでもない（写真29）。ＢＢＣにおいては、左右偏りない身体運動を心がけるため、裏合掌ろ漕ぎ呼吸法は左半身と右半身を均等に訓練することになる。

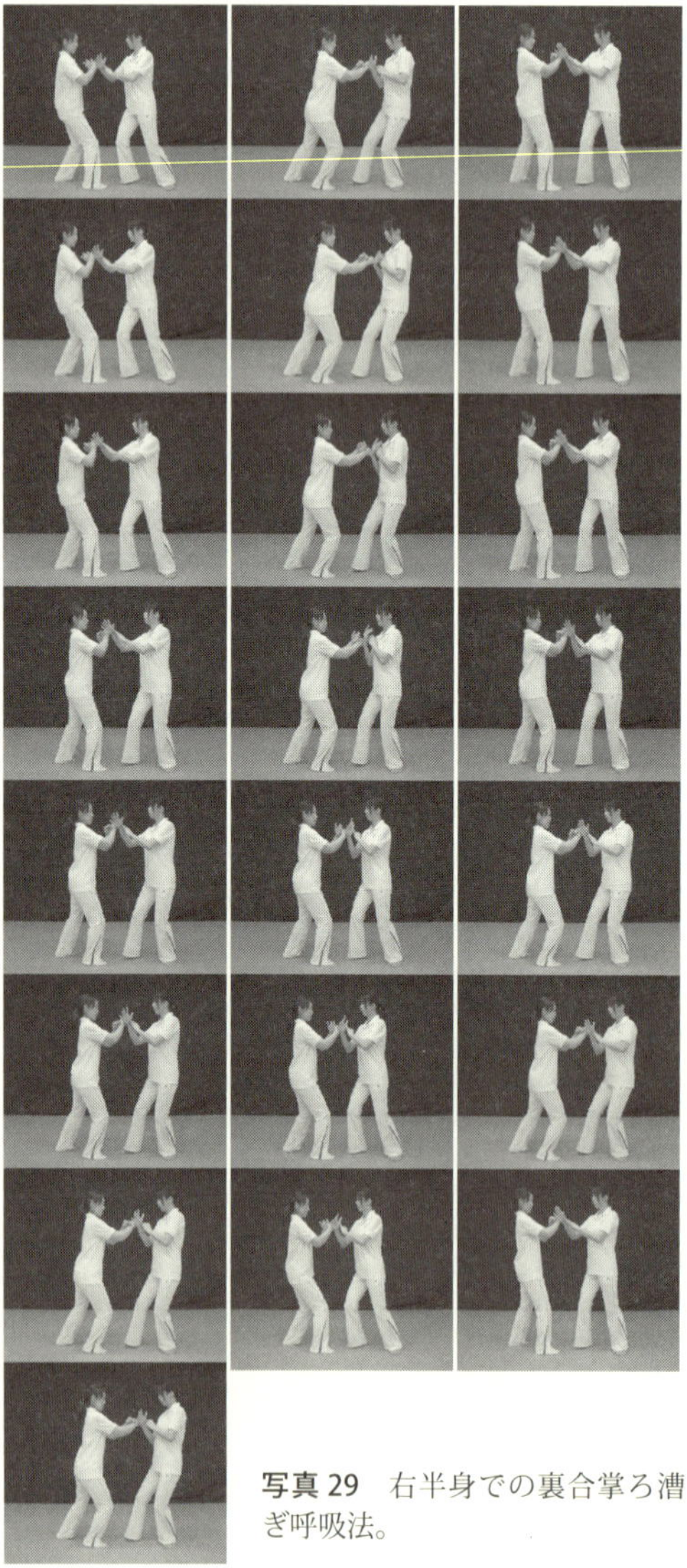

写真 29　右半身での裏合掌ろ漕ぎ呼吸法。

相対する両者で左半身の裏合掌ろ漕ぎ呼吸法で呼気のキャッチボールを始める前に、二人とも左手の後で裏合掌させていた右手を左手首から離し相手の左肘に右手を下から軽くそえておく（写真30）。すると、形としてはそれぞれが左手で片手合掌し、残った手で相手の左肘を下から支えるというものになる。このような形で、互いに自分の左手首を相手の左手首に合わせ自分の右手を相手の肘に軽くそえたまま、イメージ呼吸のキャッチボールをするのだが、息を吸うときには左半身で上体をまっすぐ立てたまま膝と腰を後に引き寄せ、逆に息を吐くときには左半身で上体をまっすぐ立てたまま膝と腰を

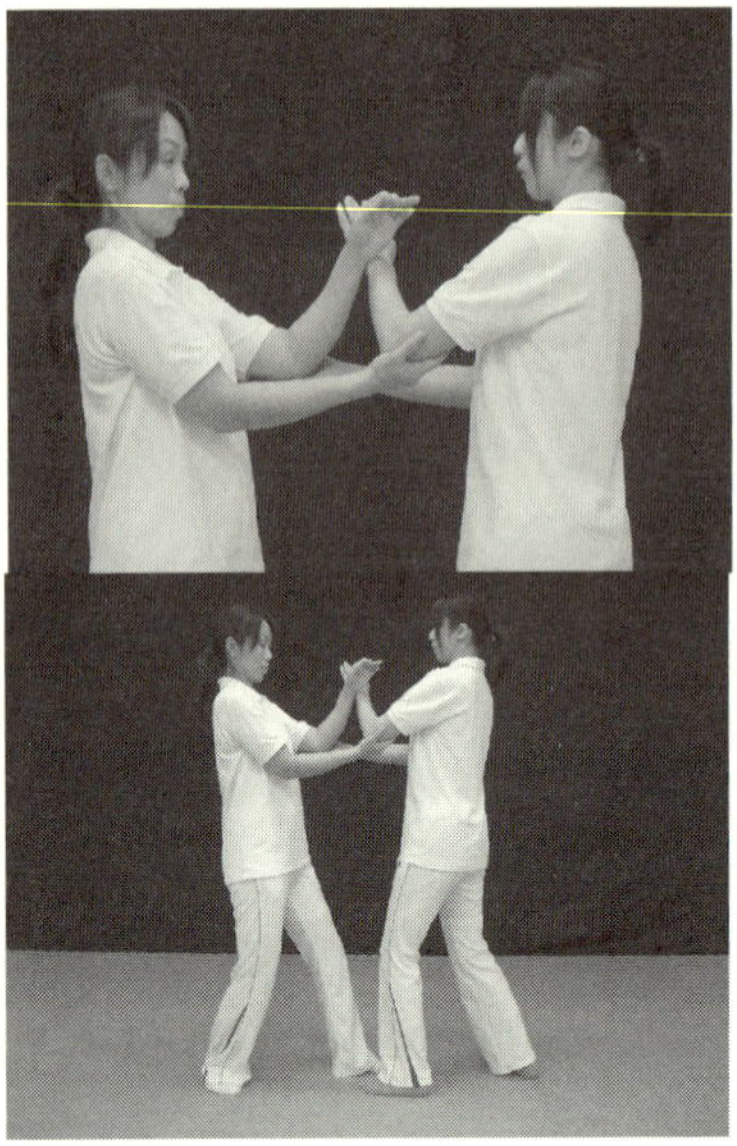

写真30　左半身での片手合掌ろ漕ぎ呼吸法において、互いに左手首のところで合わせた手と相手の左肘に下からそえた右手の部分。

前に出すのは裏合掌ろ漕ぎ呼吸法と同じ（写真31）。ＢＢＣでは、これを片手合掌ろ漕ぎ呼吸法と呼ぶ。息を吸いながら腰を後に引くときには相手を抱きしめるイメージで行い、息を吐きながら腰を前に出すときには自分を相手に完全に委ねるイメージで行うのがよい。

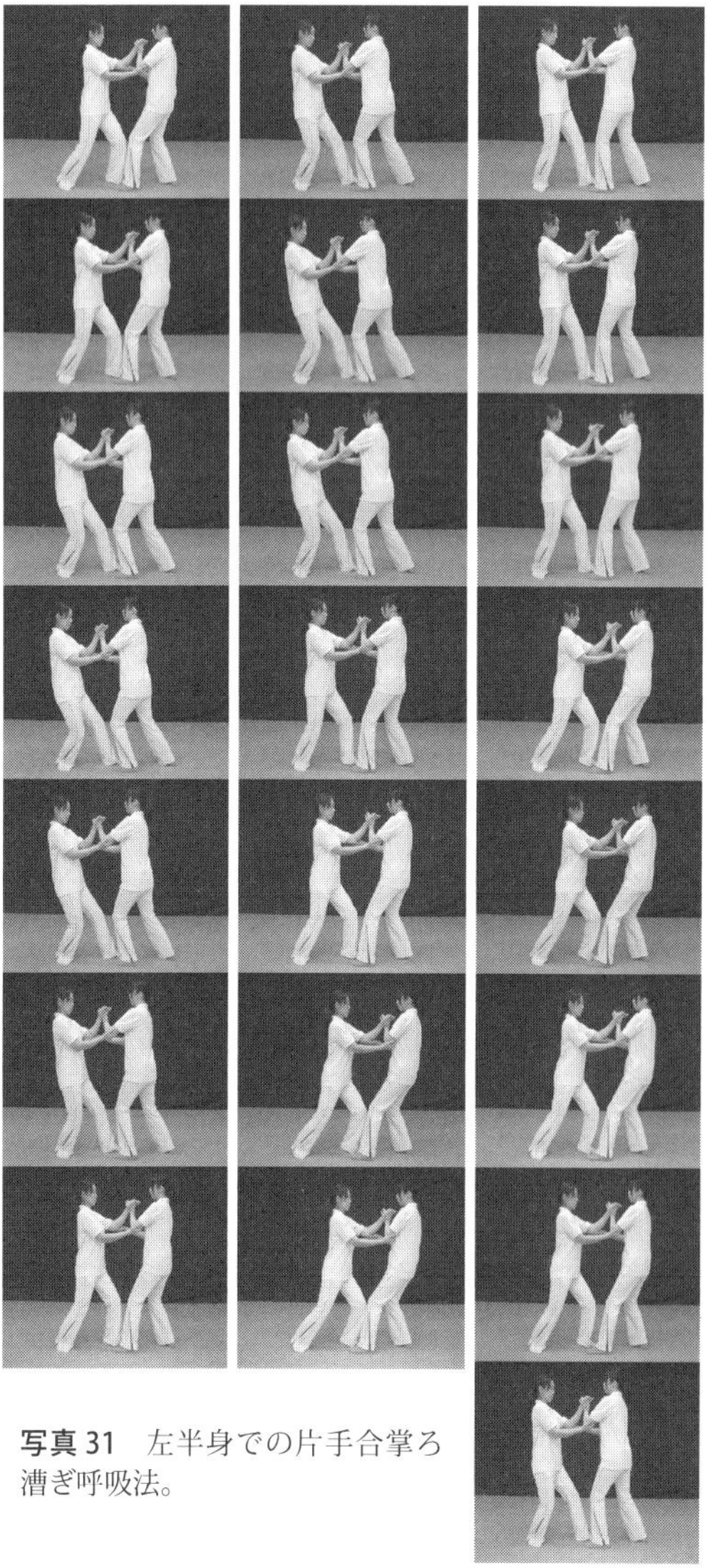

写真31　左半身での片手合掌ろ漕ぎ呼吸法。

ＢＢＣにおいては、右半身での片手合掌ろ漕ぎ呼吸法も左半身同様に訓練するが、両者が右手のみで片手合掌し左手を相手の右肘に下から軽くそえたまま、イメージ呼吸のキャッチボールをするのに合わせて上体をまっすぐ乗せた腰を膝と共に前に出したり後に引く身体運動を繰り返すことになる（写真32）。

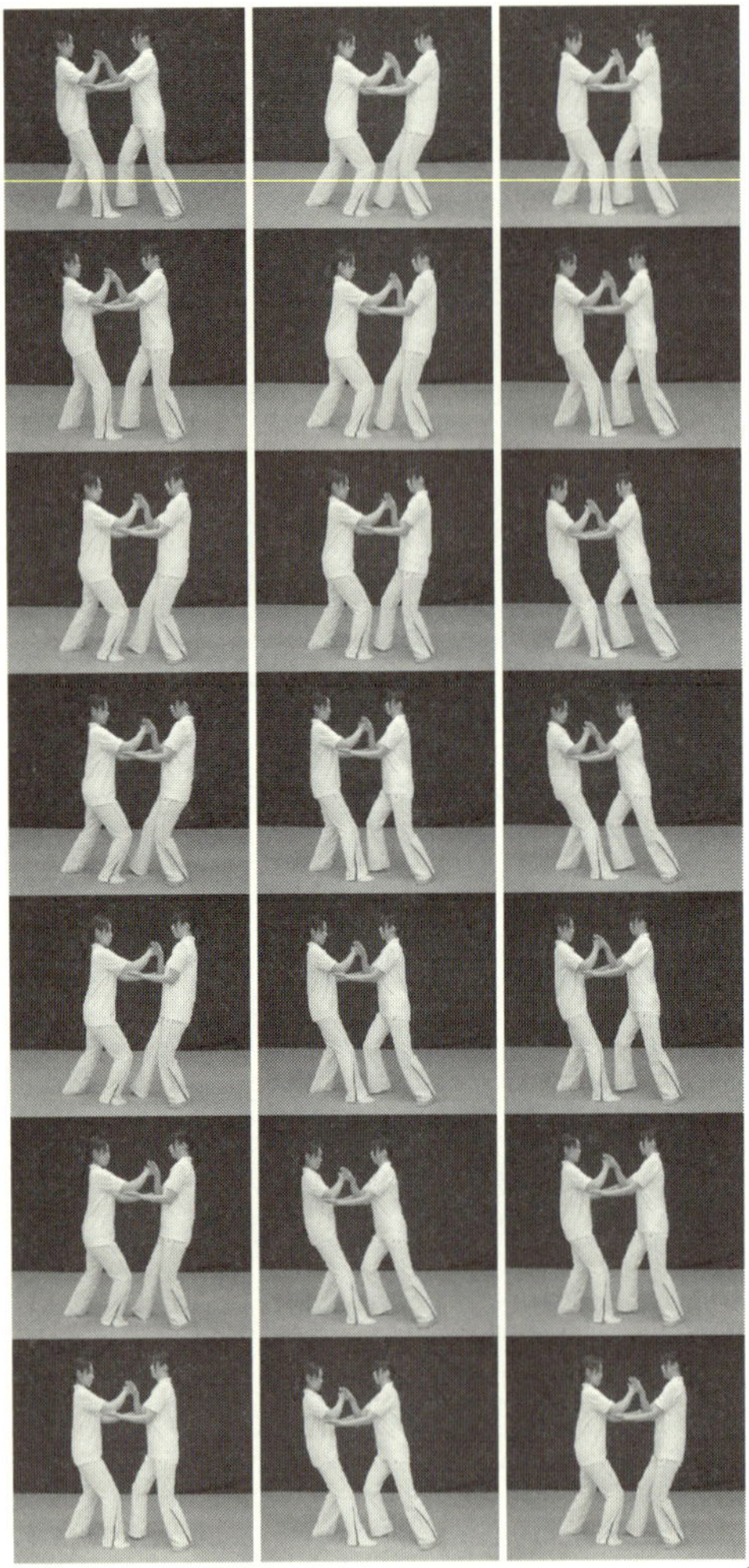

写真 32　右半身での片手合掌ろ漕ぎ呼吸法。

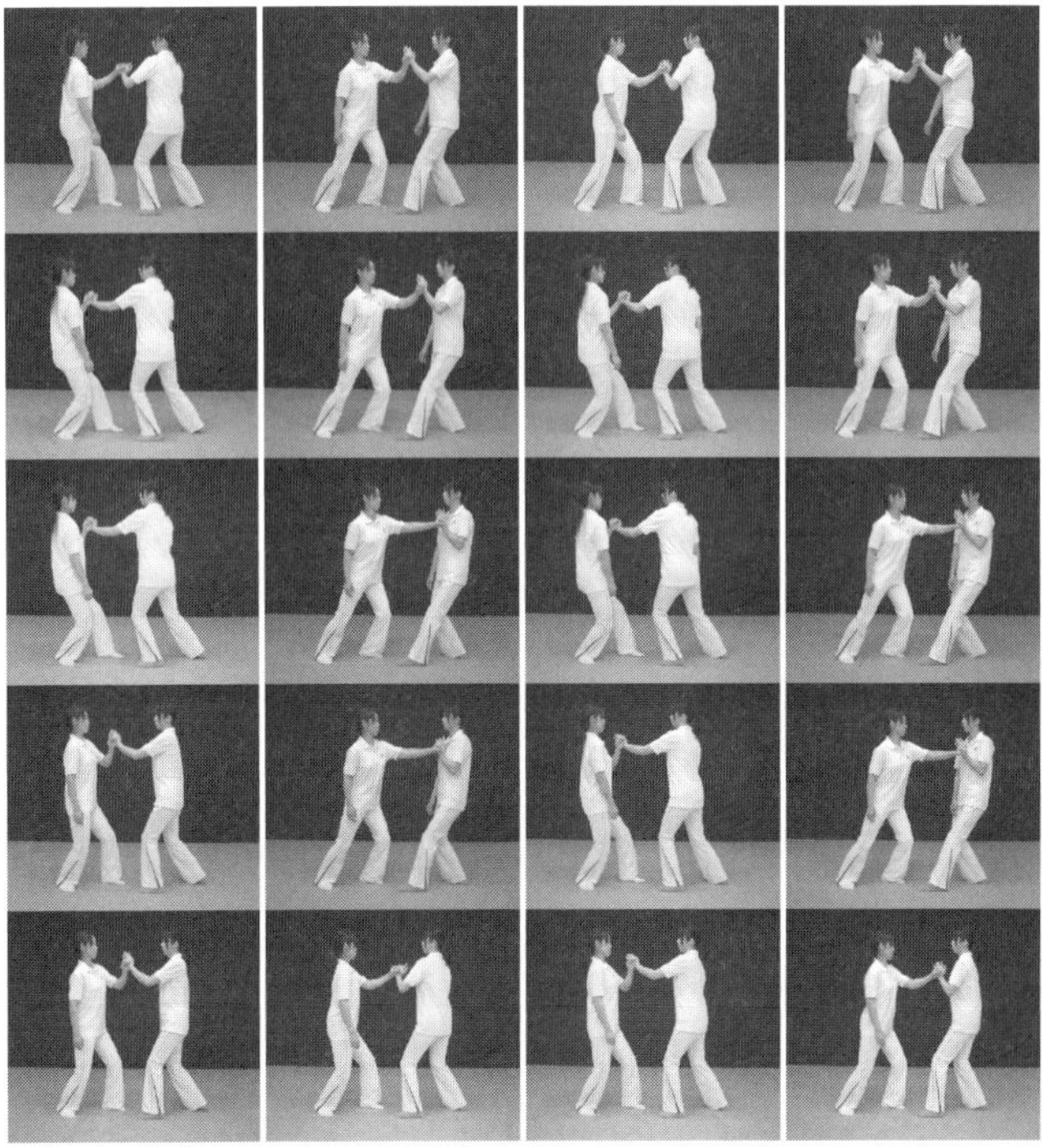

写真 33　左半身での肘を持たない片手合掌ろ漕ぎ呼吸法。

片手合掌ろ漕ぎ呼吸法としては、相手の肘に手をあてがうことをしない形も利用できる。即ち、例えば左半身の場合には、互いに右手は肩から力を抜いて自然に垂らしておき、左手首を相手の左手首に合わせたままイメージ呼吸のキャッチボールをするとき、息を吸うときには左半身で上体をまっすぐ立てたまま膝と腰を後に引き寄せ、息を吐くときには左半身で上体をまっすぐ立てたまま膝と腰を前に出せばよい（写真33）。右半身についても、全く同様となる（写真34）。

写真 34　右半身での肘を持たない片手合掌ろ漕ぎ呼吸法。

――裏合掌相対歩法――

ここで、二人一組でやった裏合掌ろ漕ぎ呼吸法を思い出そう。相対する両者それぞれが裏合掌左半身で立ち、互いに自分の左手首を相手の左手首に合わせたまま、イメージ呼吸のキャッチボールをするのだった。このとき、各自は錐体外路系の神経支配を活性化させるために視野全体をぼんやりと眺めながら、両者の間でイメージ呼吸を連動させるように「いーち、にーい」というかけ声をかける。むろん、右手と右足を前に出して立つ裏合掌右半身で互いに自分の右手首を相手の右手首に合わせたままイメージ呼吸のキャッチボールをすることもできた。

今度は、裏合掌ろ漕ぎ呼吸法における「身体姿勢の変化を伴う運動」を歩行運動にまで拡張してみよう。相対する両者（AさんとBさん）が裏合掌左半身で立ち、互いに自分の左手首を相手の左手首に合わせたまま第一課で学んだＢＢＣにおける基本的な二足歩行運動（Aさん）と逆向き二足歩行運動（Bさん）をするのだが、「いち、にー、さん、し」のかけ声に合わせてAさんが四回交互に左右の膝と腰を前に出しながら四歩前に進む間、Aさん自身は左半身で上体をまっすぐ立てたまま小刻みに四回息を吐く。そのようなAさんの動きに呼応するように、Bさんは四回交互に左右の膝と腰を後に引き寄せながら四歩後に退く間、Bさん自身は左半身で上体をまっすぐ立てたまま小刻みに四回息を吸う（写真35）。

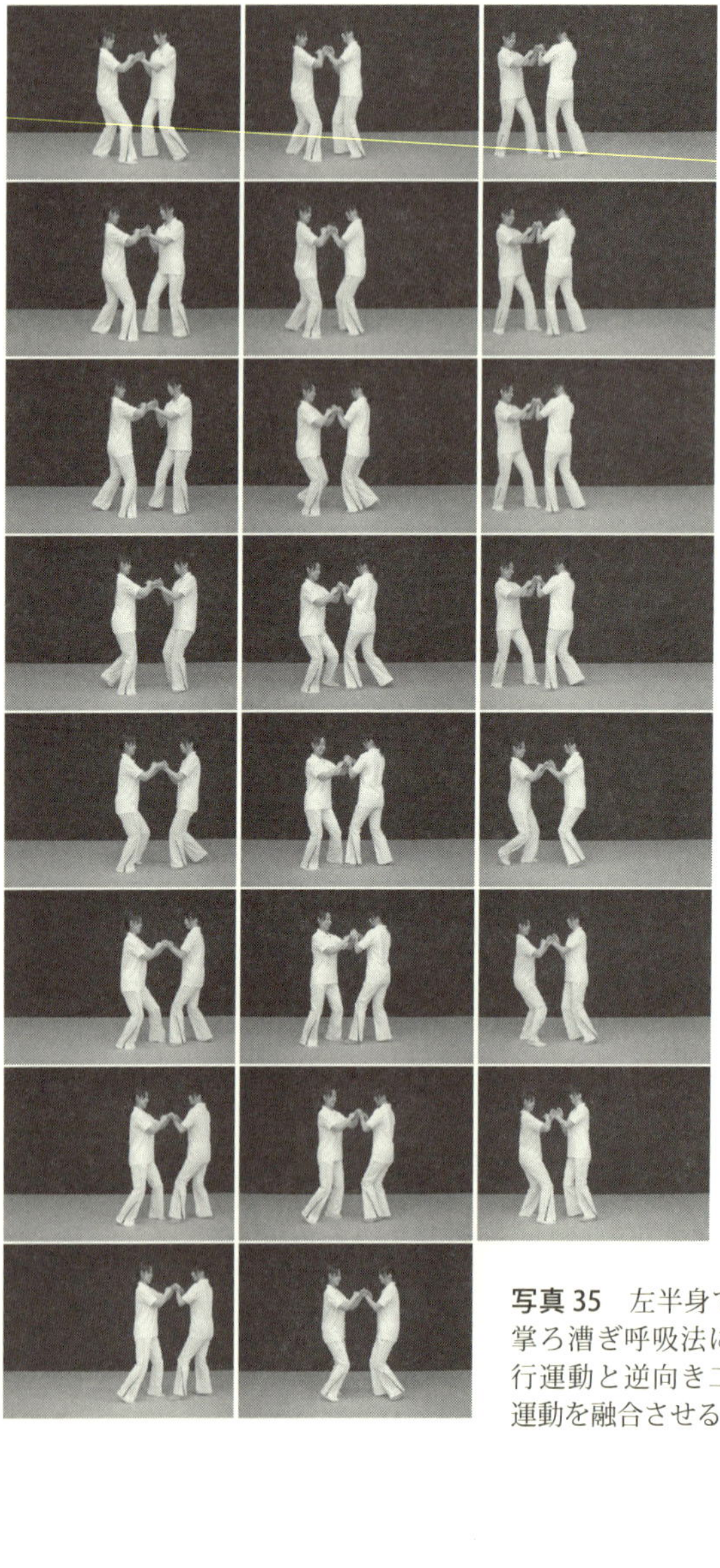

写真35　左半身での裏合掌ろ漕ぎ呼吸法に二足歩行運動と逆向き二足歩行運動を融合させる（前半）。

裏合掌の手首は相手に合わせたままで、互いに二足歩行運動（Aさん）と逆向き二足歩行運動（Bさん）をするわけだが、特に息を吸いながら腰を後に引くときには相手を抱きしめる、つまり無条件に受け入れるようなイメージで行い、息を吐きながら腰を前に出すときには、自分の存在を相手に完全に委ねる、つまり無条件に与えるようなイメージを持つように努力するのは裏合掌ろ漕ぎ呼吸法のときと同じ。

この運動はここで終わりではない。「いち、にー、さん、し」のかけ声でAさんは息を吐きながら前に進むように二足歩行し、Bさんは息を吸いながら後に退くように逆向き二足歩行したのに続き、今度は「にー、にー、さん、し」のかけ声でBさんが息を吐きながら前に進むように二足歩行し、Aさんは息を吸いながら後に退くように逆向き二足歩行するのだ（写真36）。

これで両者による連携歩行動作が一巡するのだが、BBCではこの動作を左半身での裏合掌相対歩法と呼んでいる。もちろん、右半身でも全く同じようにできるため（写真37）、左右の偏りがないよう裏合掌相対歩法も左半身と右半身を均等に訓練する。

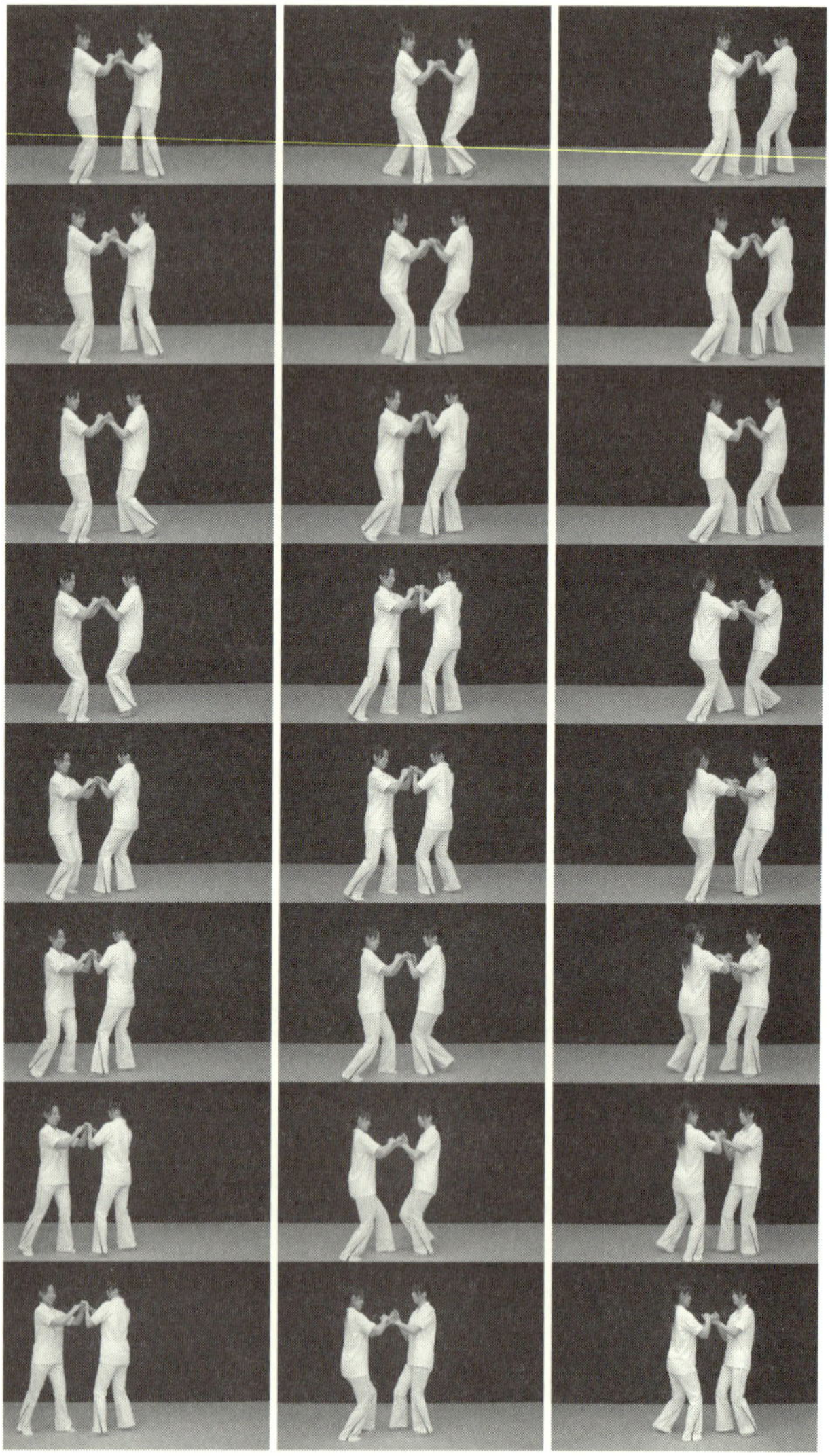

写真 36　左半身での裏合掌ろ漕ぎ呼吸法に二足歩行運動と逆向き二足歩行運動を融合させる（後半）。

写真 37a　右半身での裏合掌相対歩法。

写真 37b　学生による右半身での裏合掌相対歩法。

ＢＢＣ第三課　転び方

——実際に転ぶ前に——

人間が安定に二足直立や二足歩行をする唯一の動物であることから、逆に他の動物のように地面や床面で身体を転がしたり、横になったままの姿勢で複雑な身体運動をするということからは遠ざかっている。唯一の例外は、誕生後の乳幼児期における身体運動であり、俗に「赤ん坊の仕事は転ぶこと」と語り継がれてきたように、二足直立ができないときの人間は身体を転ばせることで様々な運動神経を発達させ、また空間移動までも行ってきた。つまり、人間の発達段階の初期において日常的に行われていた身体運動が「転ぶ」という動作であったために、その後の二足直立あるいは二足歩行動作を身につけてから錐体路系や錐体外路系の神経支配として勝ち得た人間特有の様々な動作習性を根本から改善しようとするときには、逆に「転ぶ」という身体動作を積極的に利用することで効果が促進されると考えられる。

さらには、常時二足直立する人間にとって「転ぶ」という動作自体が非日常的な行動となるため、社会生活の中で蓄積していったストレスなど人間の内面における正常な心的機能を阻害する要因から精神を解放する手法のひとつとしても役立つ可能性が高い。実際のところ、旅先の旅館やホテルの広い畳の部屋などに寝転がったり、ゴロゴロと動き回ったりすることによって多くの大人が童心に戻って笑い、日頃のストレスを大いに発散させることができるという話はよく耳にする。「転ぶ」ことによって、まだ我の殻が厚くない乳幼児時期の自分に戻る体験ができているのかもしれない。

野口晴哉の整体操法における活元運動は無意識に発生する自発的身体運動、即ち錐体外路系神経支配により発動される潜在的身体運動であり、その活元運動の発現後に悪化していた身体機能が回復するといった症例も多いことには既に触れておいた。この活元運動の中には、正座姿勢から身体を寝転がせて動き回るという自発的動作も多く、周囲の人々の目にはその人間がまるで赤ん坊に戻ったかのような印象を与えるという。ここでもまた、「転ぶ」という身体運動によって乳幼児時期の自分に戻るということ自体が、日常生活における様々なストレス要因によって阻害されていた身体機能や精神機能の改善に大きく役立っているという報告も多い。

ＢＢＣを若い世代、特にこれから母親になる可能性を持った女性達の間に広く普及させていく主眼のひとつは、本書のタイトルにもあるように正しく無理のないやり方で身体を動かすことによって、女性が内面から輝くことで活き活きとした社会生活に入っていけるようにすることである。そして、出産後に乳幼児期の子供を育てていくという場面において、立って歩くということよりも転んで無邪気に笑うということで子供の本質的な発達がよりいっそう促進されていくという、誰でもかつて乳幼児期に体験したはずの絶対的事実を自分自身で思い出すことも主眼のひとつとなっている。この事実を肌で感じ取ることができた女性が母親となるとき、乳幼児期の子供と共に「転ぶ」体験を経ることで子供との間に文字どおりボディーバランス・コミュニケーション（ＢＢＣ）を確立させていくことができるのだ。

二足直立で社会生活を営んでいる人間にとって非日常的となる「転ぶ」体験はまた、人間が成長とともに厚く身につけてしまった我の殻を薄くしたり取り去ってしまうためにも有効である。何故なら、地球上で唯一常時二足直立歩行が可能な動物である人間は、同時に地球上で唯一高度な知性を持つに到った自我意識を備えた動物でもあり、二足直立と自我意識の形成の間には強い関連があると考えられるからだ。実際のところ、誕生間もない乳児期の赤ん坊にはまだ強い自我意識はなく、また二足直立することもできない。そして、乳児期から幼児期に移行する時期に二足直立することが可能になっていくが、その時期はまた自我意識が発達していく時期でもある。そう考えていくと、自我意識が発達して我の殻が作られてしまうことによって、人間は二足直立することができるようになっているという解釈も可能になる。

逆に、二足直立をやめて四つ足で動いたり、あるいは身体を寝かせて転んだりする運動をすることで、二足直立を影で支えてきた我の殻の必要性が小さくなり、我の殻を捨て去りやすくなる効果があるとも考えられるのではないだろうか？　現在の時点では単なる仮説にすぎないかもしれないが、このことが若い女性達が内面から輝いていくためのＢＢＣの身体運動技法体系の中に「赤ん坊のように転ぶ」というものが取り入れられている理由でもある。即ち、乳幼児期から誰もが分厚くしてきた我の殻を薄くする、あるいは完全に取り去ることで、人間はいつでも赤ん坊のときに持っていた輝くような活力を取り戻すことができるはずなのだ。

まずは転んでみる。やってみればわかるが、人間が仰向けに転がっている間は何も考えることができない。つまり、何も考えない無心の境地が、簡単に得られることになる。とても気持ちのよいひとときを共有することができるのだ。人間がまさに人間であること、そのままを体験する醍醐味を味わおう。

――座法裏合掌左右相互受け身――

ＢＢＣ第二課において修得した片手合掌ろ漕ぎ呼吸法は、相手と相対するときに左半身あるいは右半身の形で立っていた。ここでは、まずその片手合掌ろ漕ぎ呼吸法を正座して行うことを考えよう。相対する両者（ＡさんとＢさん）が左手で片手合掌し、互いに自分の左手首を相手の左手首に合わせる。そのまま、両者とも第二課の最初に出てきた正座によるイメージ呼吸をしていくのだが、両者の呼吸を調和させるため一方のＡさんが息を吐く、つまりイメージを送るときには正座したまま左手といっしょに上体を少し前に出し、このとき他方のＢさんは息を吸いながら、つまりイメージを受け取りながら左手といっしょに上体を少し前に迎えにいくようにしてイメージのキャッチボールをする。また、Ｂさんはイメージを受け取るときには自分の右手は相手の左肘の下に軽く添えておく（写真38の前半）。

その次にはＢさんが左手と上体を少し前に出しながらイメージを送るのだが、このときも右手は相手の左肘に添えておく。それに合わせてＡさんはイメージを受け取りながら左手といっしょに上体を少し前に迎えにいくようにし、自分の右手は相手の左肘の下に軽く添えるようにしながらイメージのキャッチボールをする（写真38の後半）。BBCでは、これを片手合掌相対正座呼吸法と呼ぶ。息を吸いながら左手と上体を後に引くときには相手を抱きしめるイメージで行い、息を吐きながら左手と上体を前に出すときには自分を相手に完全に委ねるイメージで行うのはいうまでもない。

BBCにおいては、同様にして右手での片手合掌相対正座呼吸法も練習するが、両者が右手のみで

写真38　左手による片手合掌相対正座呼吸法。

片手合掌した正座姿勢においてイメージ呼吸のキャッチボールをするのに合わせ、右手と上体を前に出しながら息を吐きながらイメージを送る動作と左手を相手の右肘の下に軽く添えながら右手と上体を前に迎えにいくようにして息を吸いながらイメージを受け取る動作を交互に繰り返すことになる（写真39）。

写真 39　右手による片手合掌相対正座呼吸法。

このような片手合掌相対正座呼吸法を繰り返した後であれば、誰でも簡単にBBCにおける最も基本的な転び方の技法である座法裏合掌相互受け身を修得することができる。左手による片手合掌相対正座呼吸法から始めよう。

写真40　左手による座法裏合掌相互受け身。

相対するAさんとBさんが正座したまま左手で片手合掌し、互いに自分の左手首を相手の左手首に合わせるのだが、まずAさんが左手といっしょに上体を少し前に出しながらイメージを送る。このとき、Bさんはイメージを吸収しながら左手といっしょに上体を少し前に迎えにいくようにし

てイメージのキャッチボールをする。次にＢさんは自分の右手を相手の左肘の下に軽く添えるようにしてイメージを吸うのだが、イメージを吸収し始めるとき、つまり相手の左肘に触れる瞬間に「ハイ」というかけ声をかける。そのかけ声を聞いたＡさんは、その瞬間一気に全身の力を抜き去る。すると、Ｂさんの右手の重みだけでＡさんは左前方に左腰から背中を床につけるようにして簡単に転んでしまう（写真40）。

ここで重要なことは、Ｂさんは相手を転がそうという意志を棄てることだ。ただ、自分の右手の重みだけでＡさんの転がる方向を誘導するだけでよい。

写真 41a　右手による座法裏合掌相互受け身

ＢＢＣでは、これを左手による座法裏合掌相互受け身と呼ぶ。イメージを吸収しながら相手を転ばせるときには、相手を抱きしめるイメージで行うように心がける。

転んだＡさんは、自分が転んだ動きを逆に辿るようにして起き上がり、再びＢさんと相対して正座する位置まで戻るのだが、それに続いて今度は右手による座法裏合掌相互受け身のための準備をする。

即ち、互いに自分の右手首を相手の右手首に合わせ、まずＡさんが右手と上体を少し前に出しながらイメージを送り、同時にＢさんはイメージを吸収しながら右手と上体を少し前に迎えるようにしてイメージのキャッチボールをする。次にＢさんは自分の左手を相手の右肘の下に軽く添えるようにし

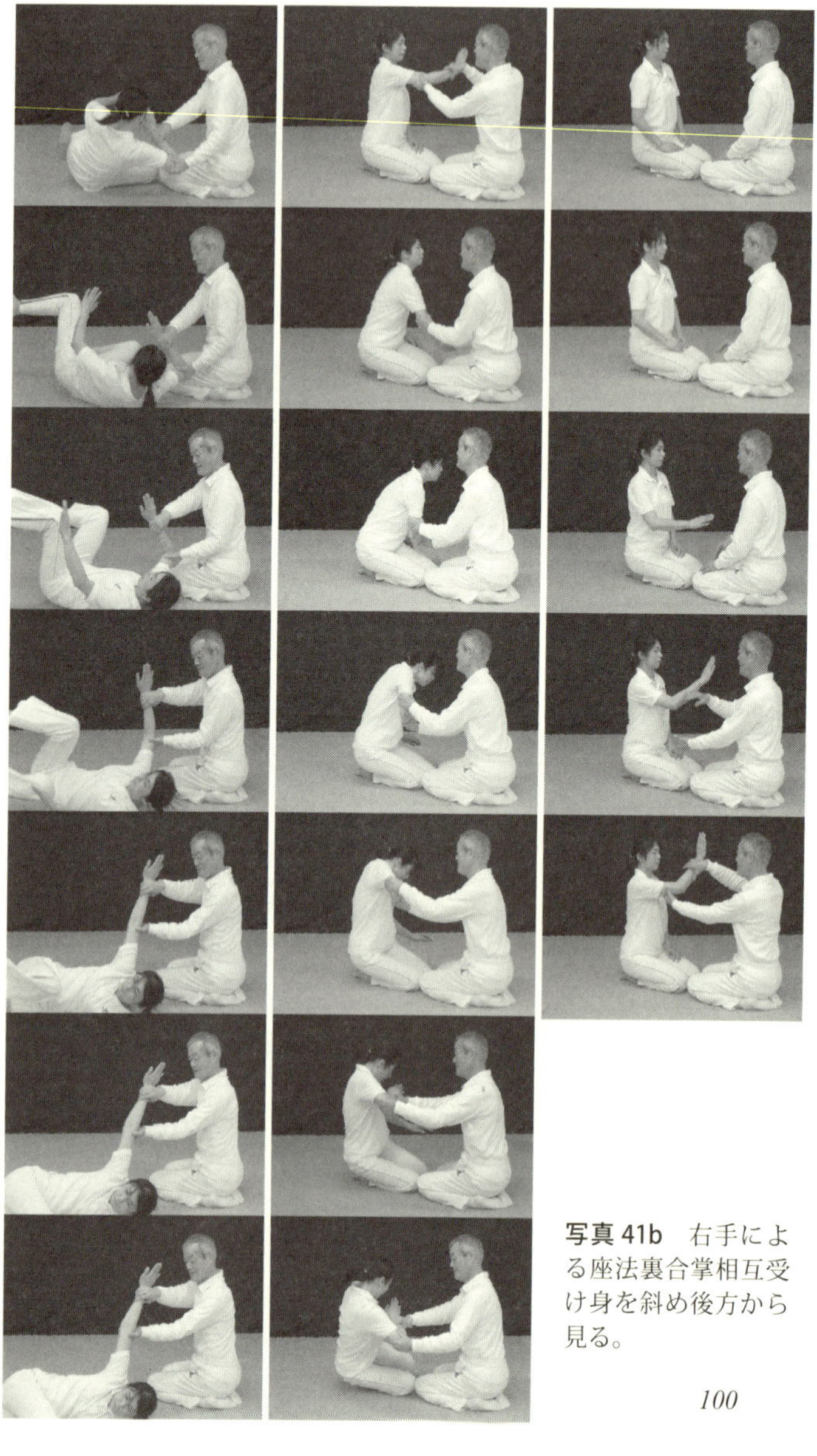

写真 41b　右手による座法裏合掌相互受け身を斜め後方から見る。

BBC第3課　転び方

てイメージを吸収しながら左手と上体を少し前に迎えにいき、相手の右肘に左手を添えた瞬間に「ハイ」というかけ声をかける。そして、そのかけ声を聞いたAさんが一気に全身の力を抜き去るのは前と同じ。すると、Bさんが相手の右肘下に軽く添えている左手の重みだけで、息を吸いながら右手と上体を少し前に迎える動作をすることにより、Aさんは右前方に右腰から回転して背中を床につけるように転んでいく（写真41）。

ＢＢＣにおける最も基本的な転び方の技法である座法裏合掌相互受け身では、実はこのような左手によるものと右手によるものを交互に繰り返し行っていく。これを座法裏合掌左右相互受け身と呼んでいる。さらには、途中で両者の役割を入れ換えることで、今度はBさんが座法裏合掌相互受け身によって床に転んでいく運動を行うことになる。

——立ち合い裏合掌左右相互受け身——

正座した姿勢から斜め前方に転んでいく動作を身につけたならば、次には半身で二足直立した状態から後に尻餅をつくようにして背中から転んでいくことを学んでいく。ＢＢＣでは、これを立ち合い裏合掌左右相互受け身と呼び、立った位置から転ぶための基礎的技法と考えている。

まず、BBC第二課の最後に学んだ裏合掌相対歩法と同じように、左半身の形で立ちながら相手と相対する。相対する両者（AさんとBさん）が左手で片手合掌し、互いに自分の左手首を相手の左手首にあてながらイメージ呼吸をしていくのだが、まずAさんが両膝を軽く折りながら左手といっしょに上体と腰を少し前に出しながらイメージを送る。このとき、Bさんはイメージを吸収しながら左手といっしょに上体と腰を少し前に迎えにいくようにしてイメージのキャッチボールをする。

次にBさんは自分の右手を相手の左肘の下に軽く添えるようにしてイメージを吸収しながら上体と腰を少し前に出すのだが、息を吸い始めるとき、つまり相手の左肘に右手を添える瞬間に「ハイ」というかけ声をかける。そのかけ声を聞いたAさんは、その瞬間足下から膝、腰、上体の力を同時に抜いていく。また、Bさんは「ハイ」というかけ声とともに裏合掌相対歩法のときのように左膝を緩めながら上体を乗せたまま右の腰を前に進めるようにして右足を前に進める。このとき、右手でつかんだ相手の左肘が自分のお腹に触れ、また左手首を合わせた相手の左手首が自分の胸に触れることになるが、次の瞬間に裏合掌相対歩法の要領で左足を前に進めた直後に相手は下半身から先に崩れていく。といっても、相手を押し倒す気持は持たず、逆に自ら崩れるようにして尻餅をつきながら後に転んでいく相手が床で後頭部を打たないよう、相手の右肘を持ち上げて支えるイメージで左足を前に進める

写真 42　立ち合い裏合掌左相互受け身。

BBC 第３課　転び方

のがよい（写真42）。

Aさんが示す転び方を、立ち合い裏合掌左相互受け身と呼ぶ。

BBCにおける他の身体運動と同様に、二足直立した位置から尻餅をついて後に転ぶ運動についても、左半身だけでなく右半身でも同じ回数だけ行っていく。つまり、右半身の形で立ちながら相手と相対するAさんとBさんが右手で片手合掌し、互いに自分の右手首を相手の右手首にあてながら、まずAさんが両膝を軽く折りながら右手といっしょに上体と腰を少し前に出しながらイメージを送る。このとき、Bさんはイメージを吸収しながら右手といっしょに上体と腰を少し前に迎えにいくようにしてイメージのキャッチボールをする。

次にBさんは自分の左手を相手の右肘の下に軽く添えるようにしてイメージを吸収しながら左手といっしょに上体と腰を少し前に出すのだが、息を吸い始めるとき、つまり相手の右肘に左手を添えた瞬間に「ハイ」というかけ声をかける。そのかけ声を聞いたAさんは、その瞬間足下から膝、腰、上体の力を同時に抜いていく。また、Bさんは「ハイ」というかけ声とともに裏合掌相対歩法のときのように右膝を緩めながら上体を乗せたまま左の腰を前に進めるようにして左足を前に進める。このとき、左手を添えた相手の右肘が自分のお腹に触れ、また右手首を合わせた相手の右手首が自分の胸に触れることになるが、次の瞬間に裏合掌相対歩法の要領で右足を前に進めた直後に相手は下半身から先に崩れていくのだ。このときも、相手を押し倒す気持は持たず、逆に自ら崩れるようにして尻餅をつきながら後に転んでいく相手が床で後頭部を打たないよう、相手の左肘を持ち上げて支えるイメージで左足を前に進める（写真43）。

Ａさんが示す転び方は、立ち合い裏合掌右相互受け身と呼ぶ。

ＢＢＣにおける最も基本的な二足直立姿勢からの転び方の技法である立ち合い裏合掌左右相互受け身は、このような左手によるものと右手によるものを交互に繰り返し行っていくことになる。また、途中で両者の役割を入れ換えることで、今度はＢさんが立ち合い裏合掌左右相互受け身によって床に転ぶ運動を行う。

写真43　立ち合い裏合掌右相互受け身。

――立ち合い内手持ち左右相互受け身――

立ち合い裏合掌左右相互受け身によって二足直立した状態から後に尻餅をつくようにして背中から転んでいくことを身につけた後には、相手と相対するときの姿勢や配置を自由に変更して行うこともできる。例えば、相手が右手でこちらの右手の手首を内側からつかんできたような状況を取り上げ、再度解説しておこう。ＢＢＣでは、これを立ち合い内手持ち左右相互受け身とぶ。

まず、立ち合い裏合掌右相互受け身と同じく、右半身の形で立ちながら相対する両者（ＡさんとＢさん）が互いに握手をするかのように自分の右手を前に出していくのだが、一方のＡさんは両膝を軽く折りながら右手といっしょに上体と腰を少し前に出しながらイメージを送りつつ相手の右手首を内側から軽くつかむ。このとき、手首を内側からつかまれたＢさんは息を吸いながら右手といっしょに上体と腰を少し前に迎えにいくようにしてイメージのキャッチボールをする。

次にＢさんは自分の左手を相手の右肘の下に軽く添えるようにしてイメージを送りながら右手といっしょに上体と腰を少し前に出すのだが、相手の右肘に左手を添えた瞬間に「ハイ」というかけ声をかける。そのかけ声を聞いたＡさんは、その瞬間足下から膝、腰、上体の力を同時に抜いていく。

また、Bさんは「ハイ」というかけ声とともに右膝を緩めながら上体を乗せたまま左の腰を前に出すようにして左足を前に進める。このとき、左手をそえた相手の右肘が自分のお腹に触れることになるが、次の瞬間に右足を前に進めた直後に相手は下半身から先に崩れていく。もちろん、相手を押し倒す気持は捨て去り、逆に自ら崩れるようにして尻餅をつきながら後に転んでいく相手が床で後頭部を打たないよう、相手の右腕を持ち上げて支えるために右足を前に進めると考えるのがよい（写真44）。

　この相対運動によってAさんが示す転び方を、立ち合い内手持ち右相互受け身と呼ぶ。

　この場合においても、右半身だけでなく左半身でも同じ回数だけ行う。つまり、立ち合い裏合掌左相互受け身と同じく左半身の形で相対して立ちながら、AさんとBさんが互いに自分の左手を前に出していくとき、一方のAさんは両膝を軽く折りながら左手といっしょに上体と腰を少し前に出しながらイメージを送りつつ相手の左手首を内側から軽くつかむ。このとき、手首を内側からつかまれたBさんは息を吸いながら左手といっしょに上体と腰を少し前に迎えにいくようにしてイメージのキャッチボールをする。

　次にBさんは自分の右手を相手の左肘の下に軽く添えるようにして上体と腰を少し前に出すのだが、相手の左肘に右手を添えた瞬間に「ハイ」というかけ声をかける。かけ声を聞いたAさんは、そ

写真44　立ち合い内手持ち右相互受け身。

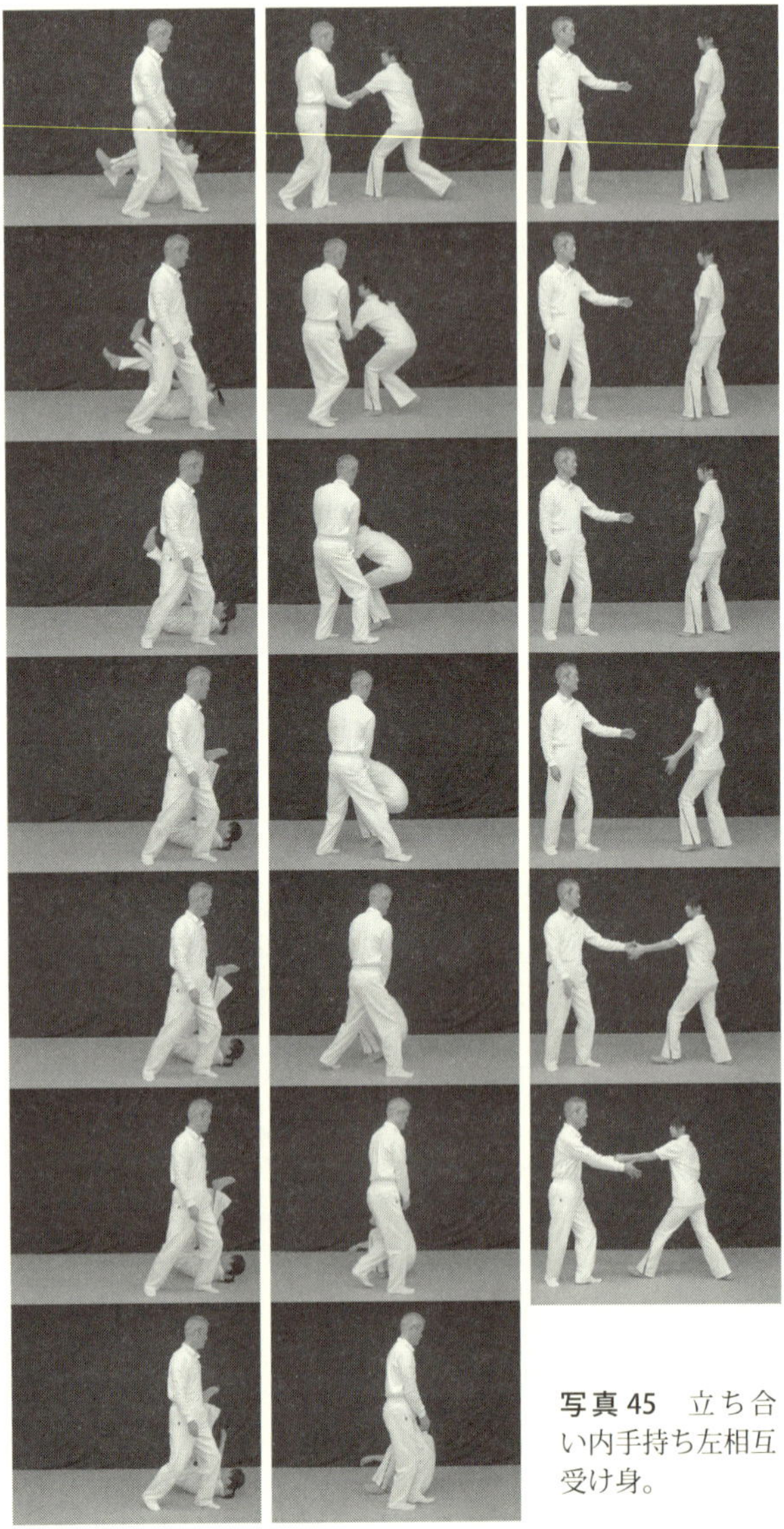

写真 45　立ち合い内手持ち左相互受け身。

の瞬間足下から膝、腰、上体の力を同時に抜いていく。また、Bさんは「ハイ」というかけ声とともに左膝を緩めながら上体を乗せたまま右の腰を前に出すようにして右足を前に進める。このとき、右手をそえた相手の左肘が自分のお腹に触れることになるが、次の瞬間に左足を前に進めた直後に相手は下半身から先に崩れていく。もちろん、相手を押し倒す気持は捨て去り、逆に自ら崩れるようにして尻餅をつきながら後に転んでいく相手が床で後頭部を打たないよう、相手の左腕を持ち上げて支え

るために左足を前に進める（写真45）。

この相対運動によってAさんが示す転び方は、立ち合い内手持ち左相互受け身と呼ばれている。

ＢＢＣにおける最も基本的な二足直立姿勢からの転び方の技法である立ち合い裏合掌左右相互受け身と同様に、このように相対して相手の手首を内側からつかんでいくことで転ぶ技法についても、左手によるものと右手によるものを交互に繰り返し練習していく。さらには、途中で両者の役割を入れ換えることで、今度はBさんが立ち合い内手持ち左右相互受け身によって床に転ぶ運動を行う。ボディーバランス・コミュニケーション（ＢＢＣ）は、少林寺拳法創始者である宗道臣開祖の愛娘のヒントから生れた若い女性が内面から輝いた社会生活を送ることができる身体運動技法の一部を集大成したものであるため、そこには少林寺拳法の基礎的な思想のひとつである「半ばは自己の幸せを、半ばは他人の幸せを」という言葉に集約された考え方が反映している。相手を必要とする運動においては、両者が共に楽しく役割を交替しながら練習を重ねていくことができるように指導しなければならない所以でもある。

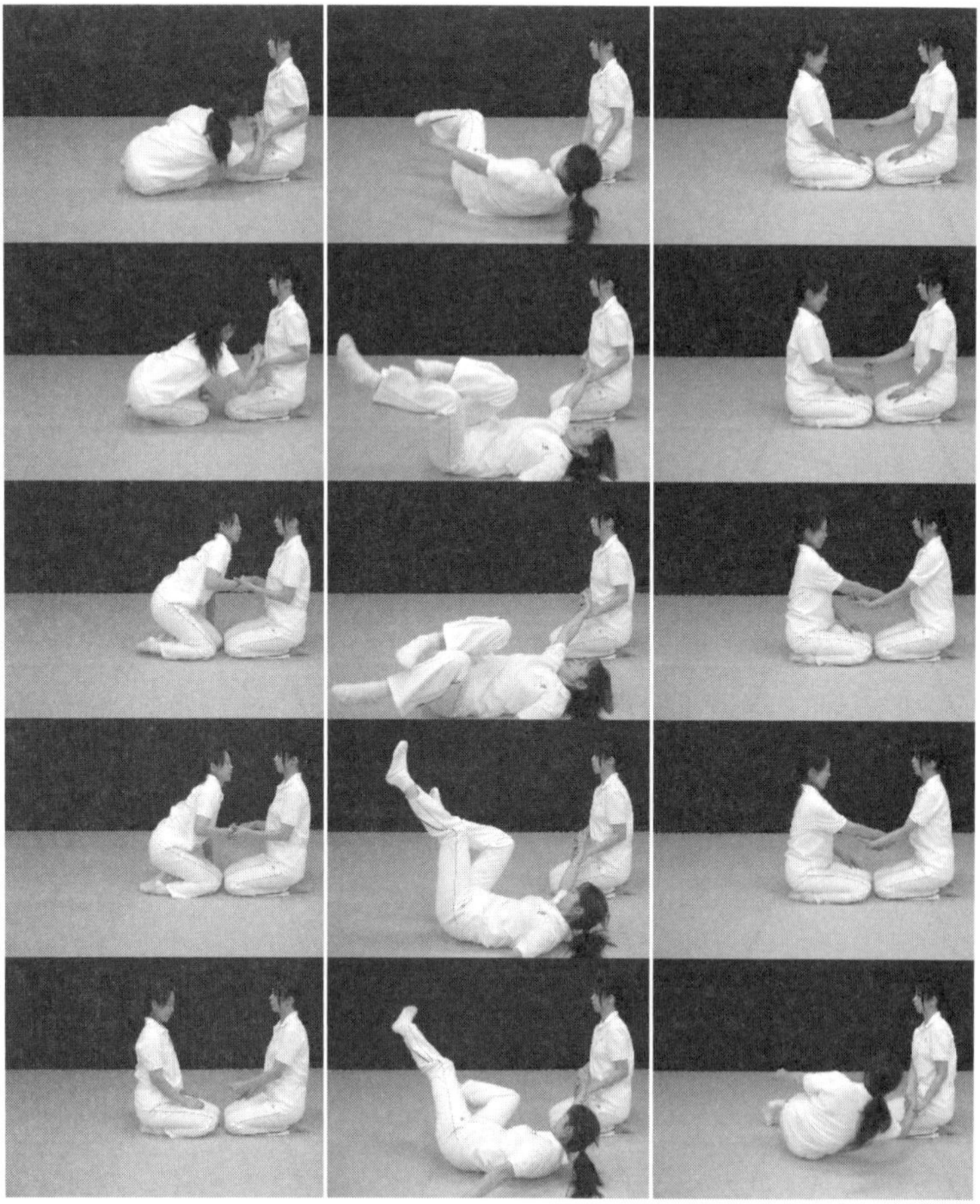

写真 46a　座法内手持ち右相互受け身。

写真 46b　座法内手持ち右相互受け身を斜め後方から見る。

――座法内手持ち左右相互受け身――

ＢＢＣにおける最も基本的な転び方の技法である座法裏合掌相互受け身と同じようにして、立ち合い内手持ち左右相互受け身を正座した状態で行うこともできる。

相対するAさんとBさんが正座したまま右手を前に出していくのだが、まずAさんが右手といっしょに上体を少し前に出すようにしてイメージを送りながら相手の右手首をつかむ。このとき、Bさんはイメージを吸収しながら手首をつかまれた右手といっしょに上体を少し前に迎えにいくようにしてイメージのキャッチボールをするのだが、それに合わせて自分の左手を相手の右肘の下に軽く添える。また、イメージを吸収しながら相手の右肘に左手を添えた瞬間に「ハイ」というかけ声をかける。そのかけ声を聞いたAさんは、その瞬間一気に全身の力を抜き去る。すると、Aさんは右前方に右腰から背中を床につけるようにして簡単に転んでしまう（写真46）。

ＢＢＣでは、これを座法内手持ち右相互受け身と呼ぶ。イメージを吸収しながら相手の受け身を誘導するときには、相手を抱きしめるイメージで行うように心がけるのは座法裏合掌相互受け身の場合と同じだ。
転んだAさんは、自分が転んだ動きを逆に辿るようにして起き上がり、再びBさんと相対して正座する位置まで戻るのだが、それに続いて今度は座法内手持ち左相互受け身のための準備をする。即ち、互いに自分の左手を前に出すのだが、まずAさんが左手と上体を少し前に出しながらイメージを送り、同時にBさんはイメージを吸収しながら上体を前に迎えにいくようにする。このとき、Bさんは自分の右手を相手の左肘の下に軽く添えるようにしてイメージを吸収しながら上体をやや前に倒すように迎えにいき、相手の左肘に右手を添えた瞬間に「ハイ」というかけ声をかける。そのかけ声を聞いたAさんが一気に全身の力を抜き去ることにより、Aさんは左前方に左腰から回転して背中を床につけるように転んでいく（写真47）。

ＢＢＣでは左手による運動と右手による運動を交互に繰り返し行っていくのだったが、座法内手持ち左相互受け身と座法内手持ち右相互受け身もまた交互に繰り返す。これを座法内手持ち左右相互受け身と呼んでいる。さらには、途中で両者の役割を入れ換えることで、今度はBさんが座法内手持ち左右相互受け身によって床に転んでいく運動を行うのはいうまでもない。

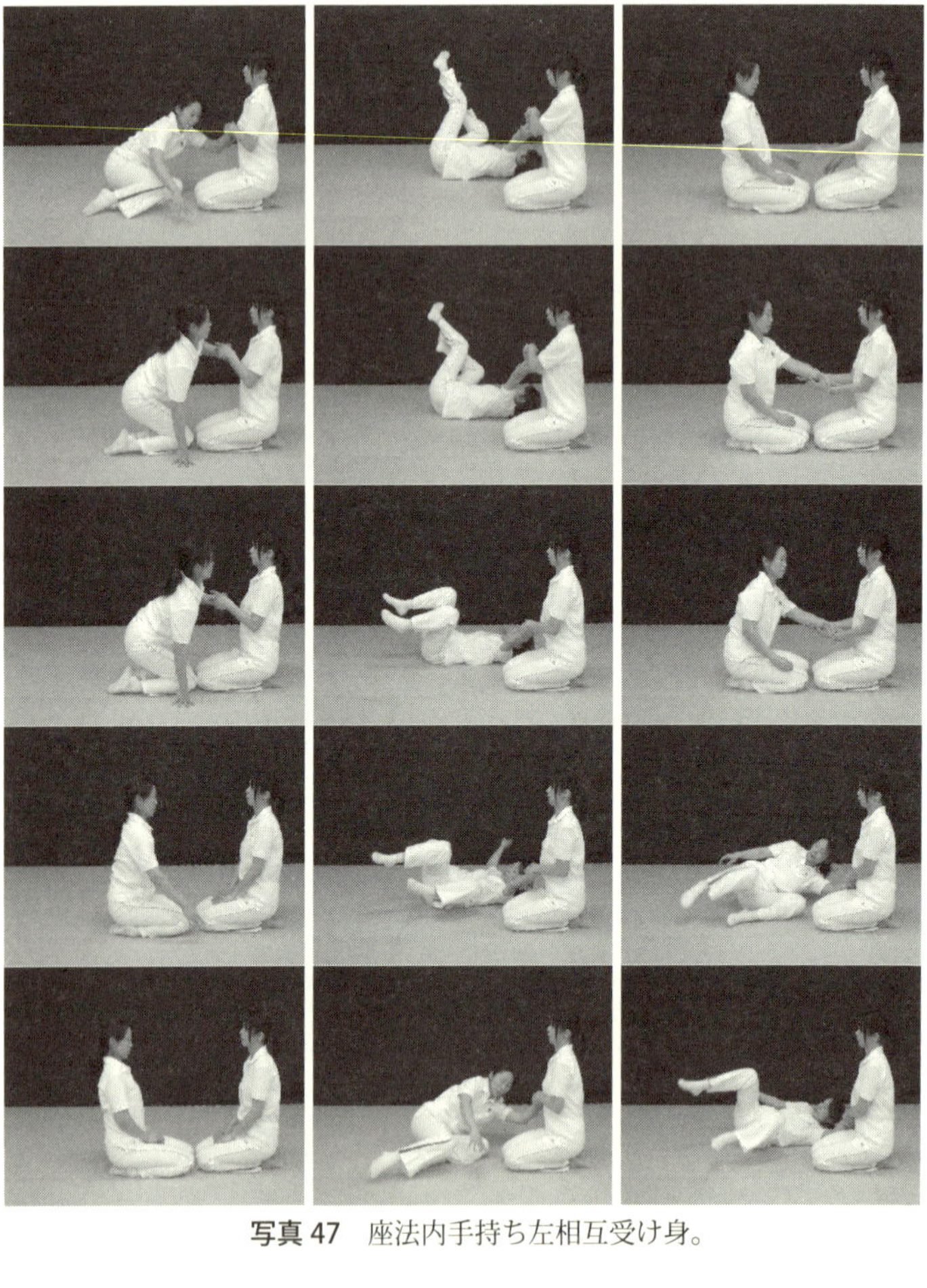

写真 47　座法内手持ち左相互受け身。

ＢＢＣ第四課　遊び

――実際に遊ぶ前に――

人間は地球上において安定に二足直立や二足歩行をする唯一の動物であるだけでなく、「遊ぶ」という極めて不合理な行動を示す動物でもある。ＢＢＣ第三課で見てきたように、常時二足直立する人間にとって「転ぶ」という動作は非日常的な行動であり、広い畳の部屋などに寝転がってゴロゴロと動き回ることによって童心に戻って笑うことは「遊び」という行動の原点とも見なすことができる。「転ぶ」ことによって、まだ我の殻が厚くない乳幼児時期の自分に戻る体験ができているのであれば、それよりも複雑な広範囲の「遊び」によっても原初の自分に立ち戻ることができるのかもしれない。

既に何度も触れたように、身体運動における目的と動作を切り離すことにより、錐体路系の神経支配として身につけた身体運動を錐体外路系の神経支配へと効率よく移行させることができる。そして、そのような目的と動作の分離は、いわゆる「遊びを入れる」あるいは「遊び心でやる」ことで容易に実現できるのではないだろうか。何故なら、本来「遊び」という行動には確固たる目的が備わっているわけではないのだから。また、ある目的を持った身体運動を実現する一連の動作であっても、そこに何か目的とは無関係の動作を差し挟むことをするということ自体、明らかに「遊びを入れる」ことになる。

本来ならば不必要なものをあえて取り入れることは確かに「遊び」であり、そのようなことを日常的に行うのも人間だけだ。そして、「遊び」に付随するものが「笑い」であり、遊びとして人間模様を描こうとする演劇の中でなくてはならない表現行動ともなっているし、「遊ぶ」のと同様に地球上では人間だけに許されたものでもある。「笑う門には福来たる」ではないが、「笑う」という人間固有の行動は人間同士の様々な関係における潤滑油の役割を果たし、人と人とのコミュニケーションの場において重要となってくるのは、笑顔による挨拶の効果を思い浮かべれば容易に想像できるだろう。「笑い」の原動力ともいえる「遊び」もまた、この意味において円滑なコミュニケーションの道具たり得ると考えられるのではないだろうか。

実際のところ、幼児期以降の子供達だけの世界においては、「遊ぶ」こと自体が唯一のコミュニケーション手段となっている。初対面の子供同士が「遊ぶ」ことで短時間のうちに親しくなっていくという状況は、古今東西を問わずごく普通の日常的な光景でもあるのだ。

現代の社会において子供から大人へと成長していくことは、裏を返せば「遊び」を捨て去っていくことに他ならないといわれる。そのような大人達の間では、「遊び」の上に発生する「笑い」もまた葬り去られてしまい、コミュニケーションがギクシャクとしたものになってしまうだろう。そこで蓄積される精神的なストレスは、人間の内面における正常な心的機能を阻害し、様々な社会問題をも生み出すことから、何らかの方法で日頃のストレスを発散させることにより精神を心的抑圧から解放することが急務となっている。大人が童心に戻って笑うことが、そのような手法のひとつとして役立つということは既に指摘したとおりだが、その「笑い」を誘発するために欠かせないのが「遊び」であろう。

つまり、「遊び」を取り入れる体験を経ることで、本来ならギクシャクとしたものになりかねない大人と大人の間のコミュニケーションの場面においても、互いに「笑い」によってつながった安心感のある人間関係を築くことができる。これもまた、ボディーバランス・コミュニケーション（ＢＢＣ）が目指すところだ。

――立ち合い内手持ち蹴り左右相互受け身――

立ち合って相対するとき、相手が片手でこちらの手首を内側からつかんでくることから始める立ち合い内手持ち左右相互受け身を、ＢＢＣ第三課で学んだ。まず、右半身の形で立ちながら相対する両者（AさんとBさん）が互いに握手をするかのように自分の右手を前に出していくが、一方のAさんは両膝を軽く折りながら右手といっしょに上体と腰を少し前に出しながらイメージを送りつつ相手の右手首を内側から軽くつかむのだった。そして、手首をつかまれたBさんはイメージを吸収しながら自分の左手を相手の右肘下に軽く添えるようにしながら「ハイ」というかけ声をかけると同時に上体と腰を少し前に出す。そのかけ声を聞いたAさんは、その瞬間足下から膝、腰、上体の力を同時に抜いていくのだが、それに合わせるようにBさんは今度は右膝を緩めながら上体を乗せたまま左の腰を前に出すようにして左足を前に進める。次の瞬間、右足を前に進めれば、直後に相手は下半身から先に崩れていくのだ。

このとき、相手を押し倒す気持は持たないで、むしろ尻餅をつきながら後に転んでいく相手が床で後頭部を打たないよう、相手の右腕を持ち上げて支えるといった気持で右足を前に進めるとよいのだったが、この相対運動によってAさんが示す転び方を、立ち合い内手持ち右相互受け身と呼んだ（写真44）。

ここで、Aさんがイメージを送りながら相手の右手首を内側から軽くつかむのに対し、手首をつかまれたBさんがイメージを吸収しながら、自分の左手を相手の右肘の下に軽く添えながら「ハイ」というかけ声をかけると同時に右手といっしょに上体と腰を少し前に出すとき、脈絡のない全く別の動きを入れてしまうことを考える。それは、右膝を緩めながら上体を乗せたまま左の腰を前に出すようにして左足で相手の膝に触れる程度に軽く蹴る動作だ。もちろん、武道や格闘技で用いられる蹴りという技に慣れていない若い女性でも、相手の膝の辺りならば軽く蹴ることは難しいことではない。もし、蹴り足をもっと高く上げることができる場合には、相手の膝でなく腰に触れる程度の蹴る動作にしてもよい。

「ハイ」というかけ声と共に自分の膝を軽く蹴られたAさんは、立ち合い内手持ち左右相互受け身でのときのように自分で足下から順番に膝、腰、上体の力を抜いていかなくても、何の脈絡もなく軽く蹴られてしまった膝に一瞬気が貼りついてしまうため、Bさんが次の瞬間に右足を前に進めれば下半身から先に崩れていくことになる（写真48）。この相対運動によってAさんが示す転び方は、立ち合い内手持ち蹴り右相互受け身と呼ばれている。

写真 48　立ち合い内手持ち蹴り右相互受け身。

むろん、右半身だけでなく左半身でも行うようにする。即ち、左半身の形で相対して立ちながら、AさんとBさんが互いに自分の左手を前に出していくとき一方のAさんは両膝を軽く折りながら左手といっしょに上体と腰を少し前に出しながらイメージを送りつつ相手の左手首を内側から軽くつかむ。このとき、手首を内側からつかまれたBさんはイメージを吸収しながら自分の右手を相手の左肘の下に軽く添えるようにし、相手の左肘に右手を添える瞬間に「ハイ」というかけ声と共に左膝を緩めながら上体を乗せたまま右の腰を前に出すようにして右足で相手の膝に触れる程度に軽く蹴る。そして、その直後に左足を前に進めれば相手は下半身から先に崩れていく（写真49）。これが立ち合い

写真49　立ち合い内手持ち蹴り左相互受け身。

内手持ち蹴り左相互受け身に他ならない。

ＢＢＣにおいては、このように相対して相手の手首を内側からつかんでいくときに、相手が「遊び」としてこちらの膝を軽く蹴ることによって、自ら転ぶのではなく相手に転ばされる技法についても、右半身と左半身を交互に繰り返す。また、途中で両者の役割を入れ換えることで、今度はBさんが立ち合い内手持ち蹴り左相互受け身によって床に転ばされる。このとき、軽くではあっても本来相手を攻める意味のある膝を蹴るという動作を行うのではあるが、ＢＢＣにおいてはそれを何の脈絡もない動作、つまり「遊び」と位置づけるために蹴られる側も不快感はなく、むしろ自然に笑いが出てくるようになる。「遊び」が入ることによって、互いに意図的な努力を払わなくても両者が共に楽しい雰囲気を生み出すことができるのだ。

中国の嵩山少林寺白衣殿に遺る壁画には、その昔多くの僧侶達が二人一組になって拳法の修行に励んでいた様子が活き活きと描かれているが、注目すべきはその僧侶達が全て楽しげな笑顔となっていることだ。たとえ武術修行といえども、相手を必要とする身体運動においては、両者が共に楽しく役割を交替しながら練習を重ねていくことができるような環境が整えられなければならないということを教えてくれているかのよう……。ＢＢＣが目指しているものも同じであり、だからこそ「遊び」にまでも重要な役割を持たせているのだ。

――座法裏合掌腰回し左右相互受け身――

ＢＢＣにおける「遊び」技法の二番手はフラフープを回すときのような腰の動きだ。まずは、ＢＢＣ第三課で修得した座法裏合掌相互受け身に、この「遊び」を取り入れることにしよう。

相対するＡさんとＢさんが正座したまま左手で片手裏合掌し、互いに自分の左手首を相手の左手首に合わせ、Ａさんが左手といっしょに上体を少し前に出しながらイメージを送るとき、Ｂさんの本来の動きを「遊び」に置き換えてしまう。即ち、イメージを吸収しながら左手といっしょに腰を上から見て時計回りにフラフープを回すように、円弧を描くように前に出すのだ。さらに、その位置からＢさんが自分の右手を相手の左肘の下に軽く添えるという本来の動作を「遊び」に置き換え、腰でそのまま円弧を描くように右にずらしながら後に引く。つまり、上から見て時計回りにフラフープを回し続けるようにするのだが、イメージを吸収し始めるとき、つまり相手の左肘に右手を添えた瞬間に「ハイ」というかけ声をかけることはしない。

座法裏合掌相互受け身のときには、「ハイ」というかけ声を聞いたＢさんがその瞬間一気に全身の力を抜き去ることで転んでしまうのだった。ところが、今回は腰を上から見て時計回りにフラフープを回すかのように一周させるという「遊び」が入ることで相手の気持が滞ってしまい、Bさんが自分の右手を相手の左肘の下に軽く添えるようにしてイメージを吸収しながら引き続き腰を左から右にず

写真 50　左手による座法裏合掌腰回し相互受け身。

らすように回して左手といっしょに上体を少し後に引く動作をするだけで、Aさんは左前方に左腰から背中を床につけるようにして簡単に転んでしまう（写真50）。この身体運動は右手による座法裏合掌腰回し相互受け身と呼ばれる。座法裏合掌相互受け身と同様に、イメージを吸収しながら相手を転ばせるときには、相手を受け入れて抱きしめるイメージで行うようにする。

座法裏合掌相互受け身のときと全く同じだが、左前方に左腰から転んだAさんはその動きを逆に辿るようにして起き上がり、再びBさんと相対して正座する位置まで戻る。そして、今度は右手で片手合掌し、互いに自分の右手首を相手の右手首に合わせ、Aさんはイメージを送る。次いで、その位置からBさんが自分の左手を相手の右肘の下に軽く添え、イメージを吸収しながら腰でそのまま円弧を描くように左にずらし、上から見て反時計回りにフラフープを回し続けるようにしながら上体を少し後に引く。このときも、相手の右肘に左手を添えた瞬間に「ハイ」というかけ声をかけることはしない。

写真 51a　右手による座法裏合掌腰回し相互受け身を斜め後方から見る。

今回もまた、腰を上から見て反時計回りにフラフープを回すかのように一周させるという「遊び」が入るために相手の気持が一瞬の間停止するため、Bさんが自分の左手を相手の右肘に添えてイメージを吸収しながら引き続き腰を左にずらすように回して上体を少し後に引く動作をすれば、それだけでAさんは今度は右前方に右腰から背中を床につけるようにして転んでしまう(写真51)。これは左手による座法裏合掌腰回し相互受け身

となる。

ＢＢＣでは、最も基本的な転び方の技法である座法裏合掌相互受け身においてそうであったように、どのような身体運動であっても常に左手によるものと右手によるものを交互に繰り返し行っていくことにしている。今の場合、左手による座法裏合掌腰回し相互受け身と右手による座法裏合掌腰回し相互受け身を連続して行うことになるが、これを座法裏合掌腰回し左右相互受け身と呼んでいる。

途中で両者の役割を入れ換えることで、今度はＢさんが座法裏合掌腰回し左右相互受け身によって床に転ばされる運動を行うのはいうまでもない。

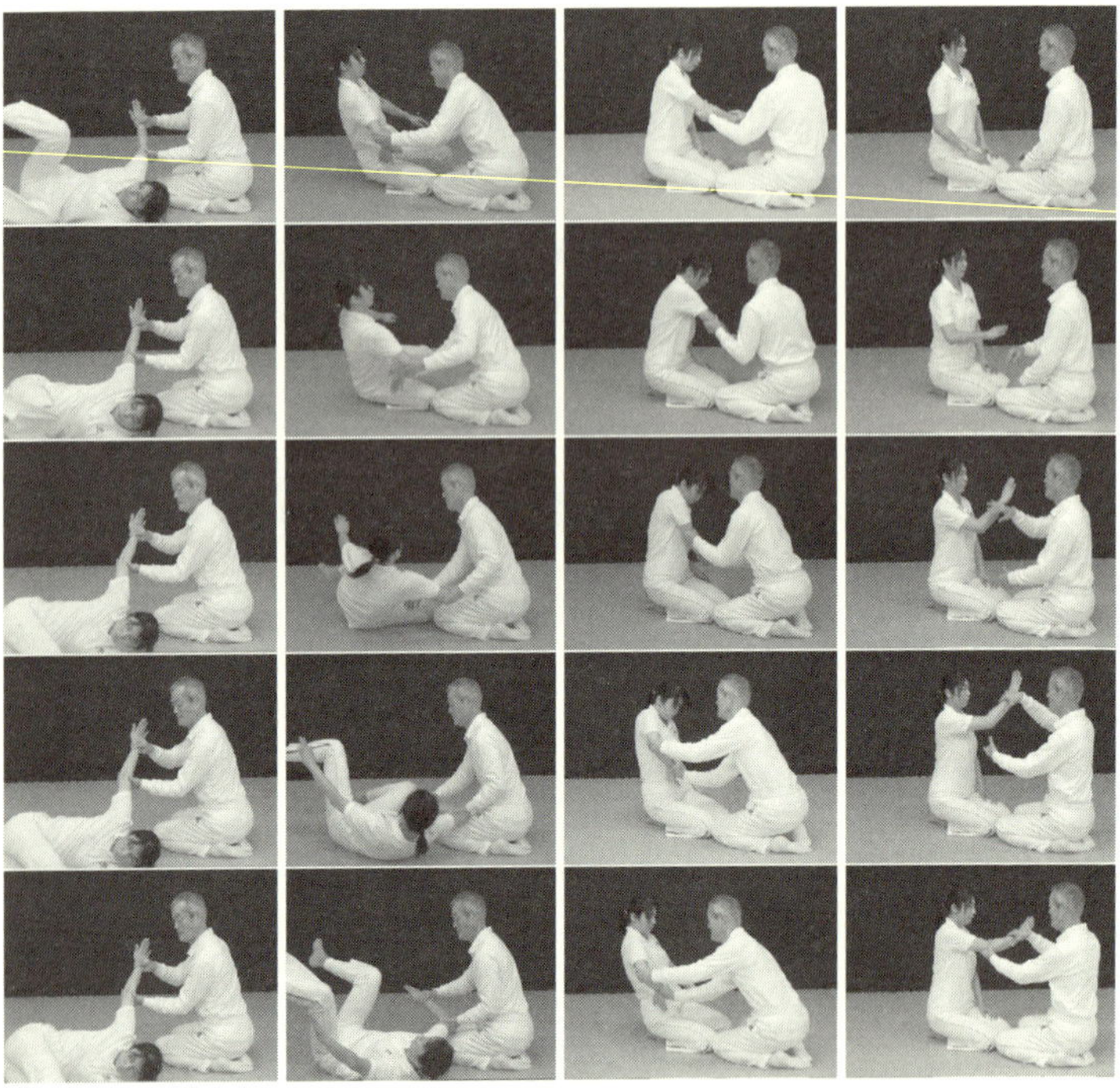

写真 51b

――立ち合い内手持ち腰回し
左右相互受け身――

蹴りを入れるという「遊び」は立っているときにしかできないが、フラフープを回すかのように腰を回すという「遊び」は座っているときにも立っているときにも可能となる。そこで、先程見てきた立ち合い内手持ち蹴り左右相互受け身における蹴りの「遊び」の代わりに、フラフープの腰回しという「遊び」を取り入れてみよう。

立ち合って相対する両者（Aさ

んとBさん）が互いに握手をするかのように自分の右手を前に出していくが、一方のAさんが両膝を軽く折りながら右手といっしょに上体と腰を少し前に出しながらイメージを送りつつ相手の右手首を内側から軽くつかむのに対し、手首をつかまれたBさんがイメージを吸収しながら脈絡のない全く別の動きとしてフラフープを回すときの腰の動きを入れてしまうのだ。

立ち合い内手持ち蹴り左右相互受け身では、引いた後に左膝を緩めながら上体を乗せたまま左の腰

写真 52　立ち合い内手持ち腰回し右相互受け身。

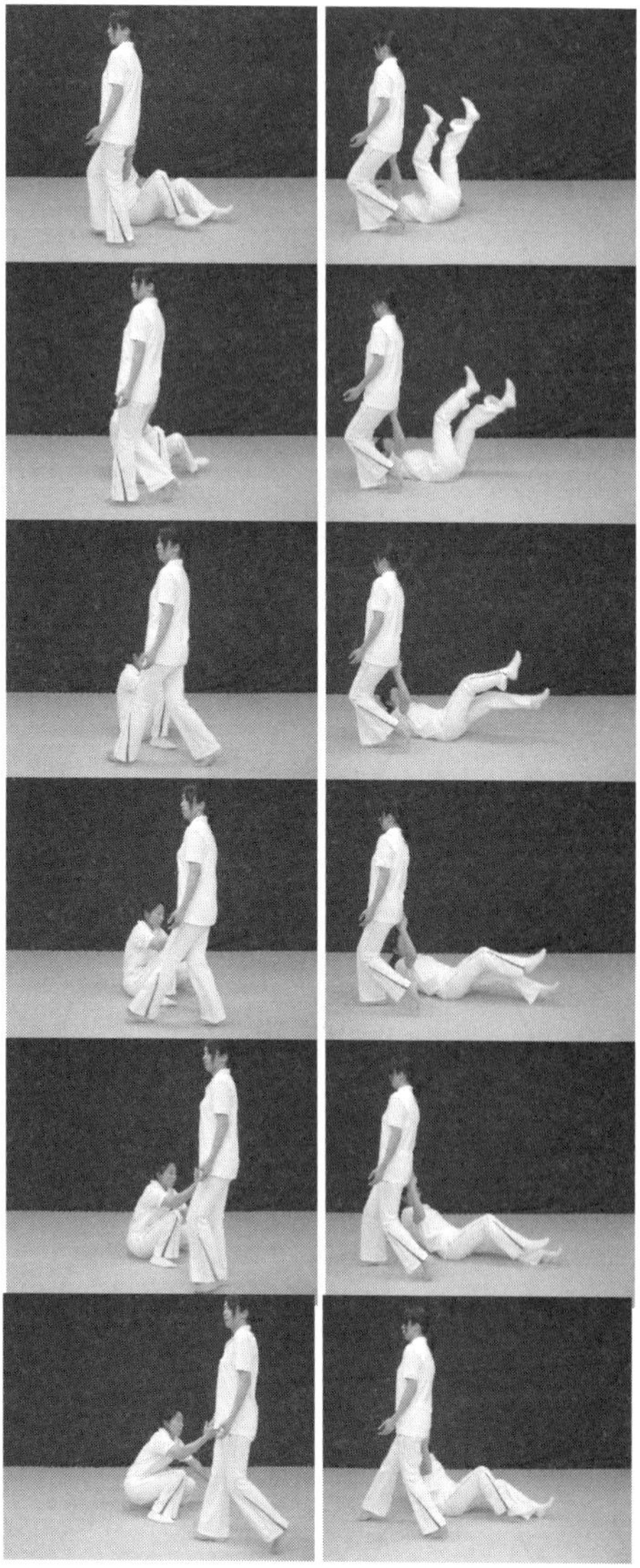

を前に進めるとき、左足で相手の膝に触れる程度に軽く蹴る動作を入れた。そのとき、「ハイ」というかけ声と共に自分の膝を軽く蹴られたAさんが自分で膝と腰、さらには上体の力を抜かなくても、何の脈絡もなく軽く蹴られてしまった膝に一瞬気が貼りついてしまうため、Bさんが次の瞬間に右足を前に進めれば下半身から先に崩れていった(写真48)。今回も、同じような現象が起きることになる。

即ち、手首をつかまれたBさんがイメージを吸収しながら腰を上から見て反時計回りにフラフープを回すように、円弧を描くように右にずらしながら後に引くのだ。つまり、その位置から自分の左手で相手の右肘の下に軽く添えるようにしながら上体を少し前に出すという本来の動作を「遊び」に置き換え、今度はやはり腰でそのまま円弧を描くように右から左にずらしながら前に出す。つまり、上から見て反時計回りにフラフープを回し続けるようにするのだが、相手の右肘に左手を添えた瞬間に「ハイ」というかけ声をかけることはしないでも、腰を上から見て反時計回りにフラフープを回すかのように一周させるという「遊び」が入ることで相手の気が滞ってしまう。その結果、Bさんが自分の左手を相手の右肘に軽く添えるようにしながら引き続き腰を左にずらすように回して右手といっしょに上体を少し前に出す動作をするだけで、Aさんは右後方にお尻から背中を床につけるようにして簡単に転んでしまう（写真52）。

この身体運動は立ち合い内手持ち腰回し右相互受け身と呼ばれ、イメージを吸収しながら相手を転ばせるときにも、相手をいたわるイメージで行うのがよい。

むろん、右半身だけでなく左半身でも行うようにする。即ち、左半身の形で相対して立ちながら、AさんとBさんが互いに自分の左手を前に出していくとき一方のAさんは両膝を軽く折りながら左手といっしょに上体と腰を少し前に出しながらイメージを送りつつ相手の左手首を内側から軽くつかむ。このとき、手首を内側からつかまれたBさんは息を吸いながら左手といっしょに腰を上から見て時計回りにフラフープを回すように、円弧を描くように左から右にずらしながら後に引く。つまり、その位置から今度は自分の右手で相手の左肘を軽くつかむようにして、上体を少し前に出すという本来の動作を「遊び」に置き換え、腰でそのまま円弧を描くように右にずらしながら前に出す。このようにして、上から見て時計回りにフラフープを回し続けるようにすれば、腰を上から見て時計回りにフラフープを回すかのように一周させるという「遊び」が入ることで相手の気が滞ってしまい、相手であるAさんは左後方にお尻から背中を床につけるようにして転んでしまうのだ（写真53）。これが立ち合い内手持ち腰回し左相互受け身に他ならない。

BBCにおいては、このように相対して相手の手首を内側からつかんでいくときに、相手が「遊び」としてフラフープを回すかのような腰の動きを入れることによって、自ら転ぶのではなく相手に転ばされることが可能となってくる。このような技法についても、やはり右半身と左半身での運動を交互に繰り返すことはいうまでもない。これは立ち合い内手持ち腰回し左右相互受け身と呼ばれる。

また、途中で両者の役割を入れ換えることで、今度はBさんが立ち合い内手持ち腰回し左右相互受け身によって床に転ばされる。本来相手を攻める意味のある膝を蹴るという動作に比べて、フラフープを回すときの腰の動きを何の脈絡もない動作、つまり「遊び」と位置づけるのはより簡単であろう。そもそも、誰もが子供の頃にやったことのあるフラフープを回す腰の動きを見せたところで、相手に不快感があろうわけはなく、むしろ自然に笑いが出てくるようになる。ここでもまた、より根元的な「遊び」が入ることによって、互いに意図的な努力を払わなくても両者が共に楽しい雰囲気を生み出すことができるようになることに注意したい。

ＢＢＣが目指しているもの、それは「遊び」に身体運動制御における重要な役割を持たせることでもある。

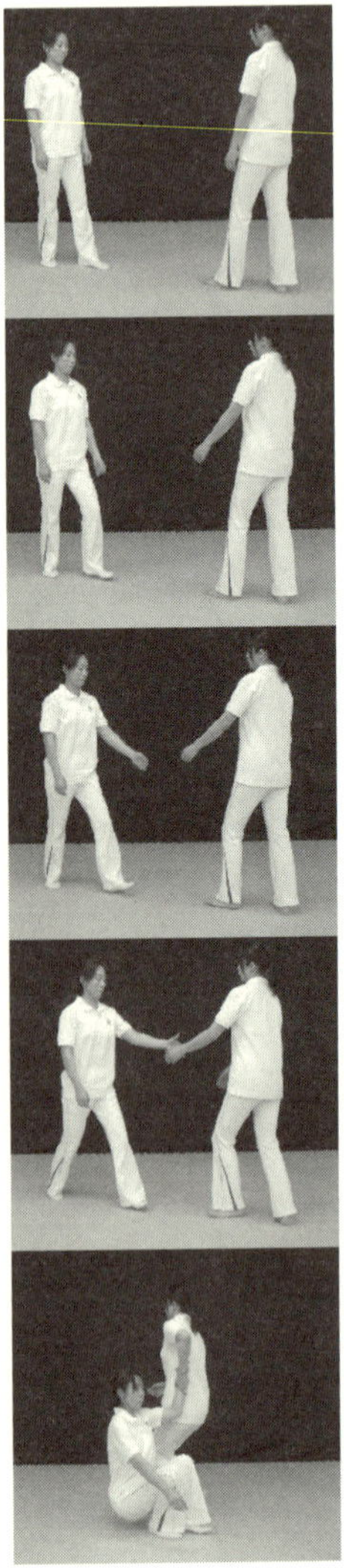

写真53　立ち合い内手持ち腰回し左相互受け身。

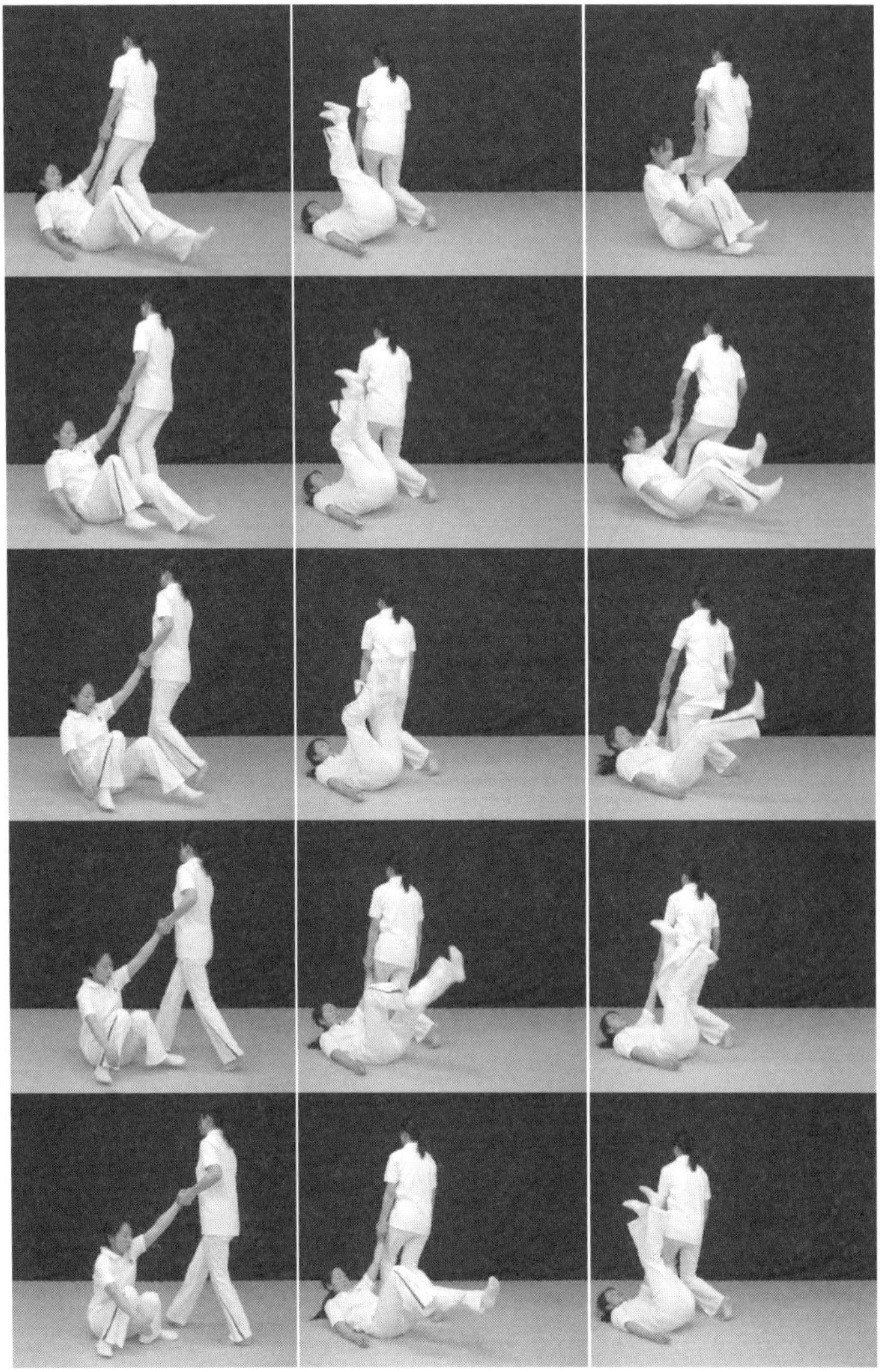

——座法裏合掌見返り左右相互受け身——

ＢＢＣにおける「遊び」技法の三番手は、浮世絵の「見返り美人図」に描かれるような一瞬振り返る動きだ。まずは、座法裏合掌相互受け身にこの「見返り」を取り入れてみよう。既に、フラフープを回すときの腰の動きという「遊び」を取り入れた、座法裏合掌腰回し相互受け身を修得してきているわけだから、その「腰を回す」という脈絡のない動きを今度は「振り返る」というやはり脈絡のない動きに置き換えるのは容易なはず。

つまり、相対するＡさんとＢさんが正座したまま左手で片手裏合掌し、互いに自分の左手首を相手の左手首に合わせ、Ａさんが左手といっしょに上体を少し前に出しながらイメージを送るとき、上体を少し前に出すという本来の動きを「振り返る」という「遊び」に置き換えてしまえばよいだけ。そう、イメージを吸収しながら右手といっしょに上体を少し前に出すとき、見返り美人になったように一瞬首と上体だけを左に回して後方を見てから再び相手の方に向き直って上体を少しだけ前に出すのだ。

後は、その位置からＢさんが自分の右手を相手の左肘の下に軽く添えるようにしてイメージを吸収しながら左手といっしょに上体を少し前に迎えにいくのだが、座法裏合掌腰回し相互受け身のときと同様にイメージを吸収し始めるとき、つまり相手の左肘に手を添えた瞬間に「ハイ」というかけ声をかけることはしない。

座法裏合掌相互受け身のときには、「ハイ」というかけ声を聞いたAさんがその瞬間一気に全身の力を抜き去ることで転んでしまうのだったが、今回も「一瞬振り返る」という突然意味不明の動作という「遊び」が入ることで相手の気が滞ってしまい、Bさんが自分の右手を相手の左肘に軽く添えるようにしてイメージを吸収しながら上体を左に回して後方を振り返って戻す動作をするだけで、Aさんは左前方に左腰から背中を床につけるようにして簡単に転んでしまう（写真54）。

この身体運動は左手による座法裏合掌見返り相互受け身と呼ばれる。基本的に左手による座法裏合掌腰回し相互受け身と同じ運動と考えてよいが、「振り返る」という行動が実は相手と同じ向きを見ることによって相手との一体感を増すことになる。その意味でも、振り返った後にイメージを吸収しながら相手を転ばせるとき、相手を抱きしめるイメージをより明瞭にすることができる。

座法裏合掌相互受け身のときと同じで、左前方に左肩から転んだAさんはその動きを逆に辿るようにして起き上がり、再びBさんと相対して正座する位置まで戻り、今度は右手で片手合掌して互いに自分の右手首を相手の右手首に合わせる。

そこで、Ｂさんは見返り美人になったように一瞬首と上体だけを右に回して後方を見てから相手の方に向き直り、イメージを吸収しながら右手といっしょに上体を少しだけ前に出せばよい。後は、「ハイ」というかけ声をかけなくても相手は今度は右前方に右肩から背中を床につけるようにして転んでしまう（写真55）。これは右手による座法裏合掌見返り相互受け身と呼ばれる。

ＢＢＣでは、どのような身体運動であっても常に左手によるものと右手によるものを交互に繰り返

写真54　左手による座法裏合掌見返り相互受け身。

し行っていくのだったが、今回もまた左手による座法裏合掌見返り相互受け身と右手による座法裏合掌見返り相互受け身を連続して行う。これを、座法裏合掌見返り左右相互受け身と呼んでいる。途中で両者の役割を入れ換えることで、今度はBさんが座法裏合掌見返り左右相互受け身を行うのもBBCの基本だ。

写真 55a　左手による座法裏合掌見返り相互受け身。

写真 55b　右手による座法裏合掌見返り相互受け身を斜め後方から見る。

――立ち合い内手持ち見返り左右相互受け身――

蹴りを入れるという「遊び」やフラフープを回すかのように腰を回すという「遊び」がどちらも立っているときにも可能となったように、座法裏合掌見返り左右相互受け身で用いた「振り返る」という「遊び」もまた立って運動するときにも取り入れることができる。そこで、先程見てきた立ち合い内手持ち腰回し左右相互受け身におけるフラフープの腰回しという「遊び」の代わりに、見返り美人が振り返るという「遊び」を取り入れよう。

まず、立ち合って相対する両者（AさんとBさん）が互いに握手をするかのように自分の右手を前に出していく。このとき、一方のAさんは両膝を軽く折りながら右手といっしょに上体と腰を少し前に出しながら息を吐きつつ相手の右手首を内側から軽くつかむのだ。これに対し、手首をつかまれたBさんはイメージを吸収しながら脈絡のない動きとして、一瞬首と上体を体軸を中心として右に回して後を振り返る動きを入れてしまう。

それに引き続き、その位置から瞬間的に再び相手の方を向き直りながら自分の左手を相手の右肘の下に軽く添えるようにして右手といっしょに腰と上体を少し前に出す。そうすれば、相手の右肘に左手を添えた瞬間に「ハイ」というかけ声をかけることはしなくても、既に「振り返る」という何ら脈絡のない動作を入れたことによって相手の気が滞ってしまうため、Bさんが自分の左手を相手の右肘の下に軽く添えるようにして一瞬腰と上体を少し前に出す動作をするだけで、Aさんは右後方にお尻から背中を床につけるようにして簡単に転んでしまうのだ（写真56）。この身体運動は立ち合い内手持ち見返り右相互受け身と呼ばれ、息を吸いながら振り返って相手と同じ向きを向くときに相手と同調し、また相手を転ばせるときには相手をいたわるイメージで行うのがよい。

むろん、右半身だけでなく左半身でも行うようにするのがBBCの鉄則であるため、この場合も左半身でもやっていく。即ち、左半身の形で相対して立ちながら、AさんとBさんが互いに自分の左手を前に出していくとき一方のAさんは両膝を軽く折りながら左手といっしょに上体と腰を少し前に出しながらイメージを送りつつ相手の左手首を内側から軽くつかむ。このとき、手首を内側からつかまれたBさんはイメージを吸収しながら左手といっしょに首と上体を左に回して後を振り返る。そのとたん、今度は再び前に向き直りざまに自分の右手を相手の左肘の下に軽く添えるようにして左手といっしょに上体を少し前に出すようにすれば、一瞬後を振り向くという「遊び」が入ることで相手の気が滞ってしまい、相手であるAさんは左後方にお尻から背中を床につけるようにして転んでしまう（写真57）。これは立ち合い内手持ち見返り左相互受け身となる。

写真 56　立ち合い内手持ち見返り右相互受け身。

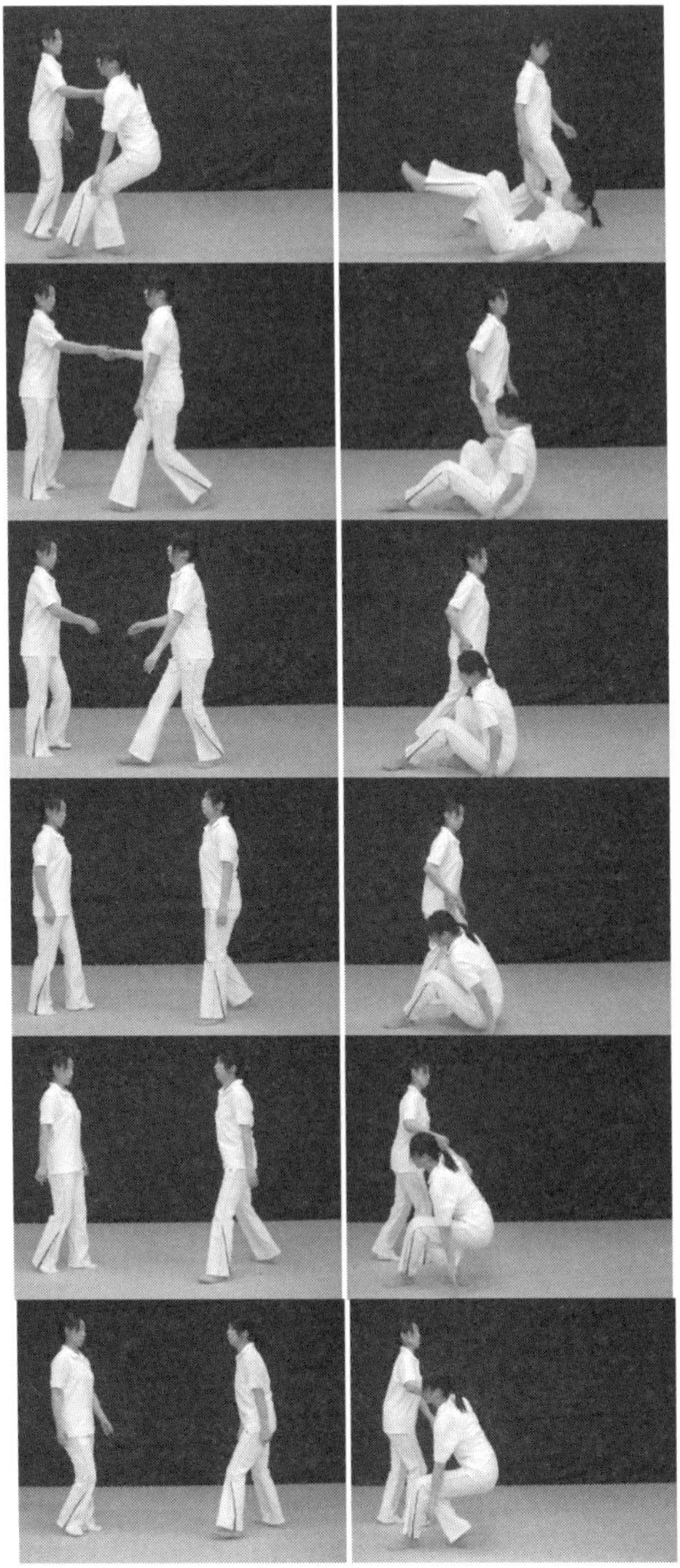

相対して相手の手首を内側からつかんでいくときに、相手が「遊び」として見返り美人のように振り返るかのような動きを入れることによって、自ら転ぶのではなく相手に転ばされるということが可能となってくるのは、蹴りやフラフープを回すときの腰の動きを脈絡もなく取り入れたときと同じであり、BBCにおける次なる課題に進む上で重要な技法となる。従って、この技法についても、やは

写真 57　立ち合い内手持ち見返り左相互受け身。

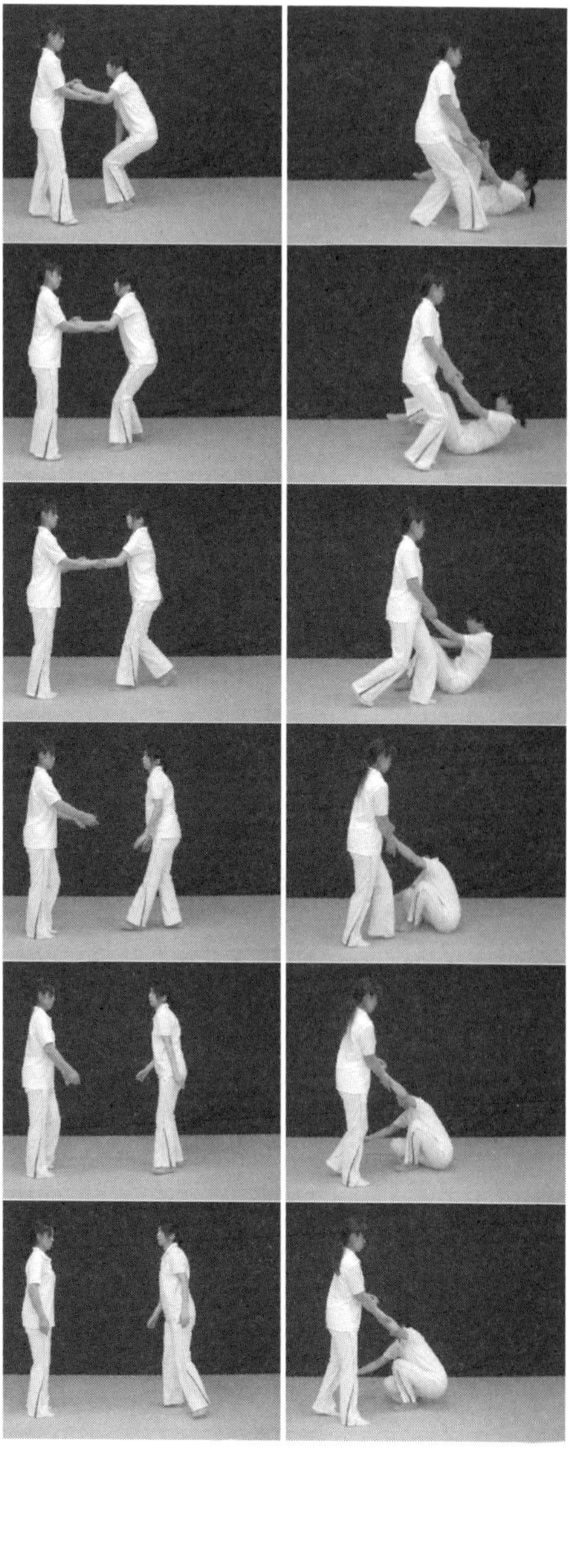

り右半身と左半身での運動を交互に繰り返すのだが、それは立ち合い内手持ち見返り左右相互受け身と呼ばれる。

また、この身体運動に慣れた頃から「倒してやろう」という意識が出てくると、力と力が衝突してしまいＢＢＣの技法が成立しにくくなるかもしれない。その場合には、臨機応変に「ハイ」と声をかけるのを合図にすることで、相手も全身の力を抜く手法を取り入れるとよい。

さらには、途中で両者の役割を入れ換えることで、今度はBさんが立ち合い内手持ち見返り左右相互受け身によって床に転ばされる。本来相手を攻める意味のある膝を蹴るという動作よりも、フラフープを回すときの腰の動きを「遊び」と位置づける方が簡単であり、自然に笑いが出てくるようになると考えられた。ところが、見返り美人のように振り返るという動作は、単なる「遊び」というよりも一瞬相手と同じ向きを向くことにより相手と同化し同調することを促してくれる。即ち、相手と一体となってうち解け合うという、より調和した「遊び」が入ることによって、相手が積極的に努力しなくても両者が自然に楽しい雰囲気に包まれるようになるのだ。

ボディーバランス・コミュニケーション（BBC）が最終的に目指しているものは、「遊び」から調和する力、即ち「調和力」を生み出すことといってよい。

ＢＢＣ第五課　受け入れる

――実際に受け入れる前に――

第四課においては、人間が地球上において安定に二足直立や二足歩行をするということに加え、「遊ぶ」という極めて不合理な行動を示す動物でもあるという事実を利用したボディーバランス・コミュニケーション（ＢＢＣ）の技法を学んだ。「二足歩行」が他の動物から人間を際立たせる身体的運動能力であるなら、「遊び」は他の動物と人間を区別する精神的行動能力であるといえるだろう。そして、このような人間に固有の精神的行動を生み出すものは、他の動物には見られない高度に発達した精神活動能力である。

人間にのみ許された高度な精神活動能力を用いることは、その意味でもＢＢＣにおける到達目標である内面から輝く日常を得るためにも必要不可欠なものとなると考えられる。従って、次に学んでいく身体運動技法としては、これまでのように身体動作を基調とするだけのものではなく、その中に高度な精神活動の一端を取り入れたものになっていく。

その最初に、「人間愛」という最も高度な精神活動の入口に位置する「受け入れる」ことを持ってくることにする。「受け入れる」というのは、他者を受け入れる、自分を受け入れる、あるいは他者も含めた自分の置かれた状況そのものを受け入れることにつながるのみではない。他者のいたらない点を受け入れ、時としては他者の過ちまでも受け入れるのは、仏教における「慈悲」やキリスト教における「人間愛」の出発点でもある。現代においては多くの人が愛というものを終着点と捉え、愛を目指すために逆に間違った考えや利己的発想に傾いている。しかし、愛は目的や終着点などではなく、本来出発点にすぎないことに気づかなければならない時代に入ってきたのではないだろうか。その意味でも、BBCにおいては「受け入れる」ことから「人間愛」を身につけるだけでなく、「人間愛」を出発点として女性達が活き活きとした社会生活を送ることができるようになる基盤を創り上げていくことまでも視野に入れるのだ。

実際のところ、既にBBCの初歩で登場した裏合掌ろ漕ぎ呼吸法において互いに上体を前後に移動させながらイメージ呼吸のキャッチボールをするときにも、イメージを吸収しながら腰を後に引くときには相手を無条件に受け入れて、抱きしめるイメージで行っている（写真28）。また、イメージを送りながら腰を前に出すときにはさらに無条件に与える、つまり自分の存在を相手に完全に委ねるイメージを持つことが重要だった。この「委ねる」という精神活動については、「受け入れる」こと以上に内面から輝く効果が高いのだが、これについては次のＢＢＣ第六課で取り上げることにする。

既に何度も触れたように、ボディーバランス・コミュニケーション（ＢＢＣ）は少林寺拳法の宗道臣開祖が膝を痛めて拳法修行から距離を置かざるを得なかった愛娘のヒントから生れた、若い女性が内面から輝くための身体運動技法体系だ。従って、基本には少林寺拳法の思想が反映しているのだが、「受け入れる」ことに始まる「人間愛」については、「力愛不二」という開祖の言葉に集約されるものとなっている。これについては、現代人の多くが「愛を伴わない力は単なる暴力にすぎない」というように解釈してしまっているが、本来は「力と愛とは同じもの、つまり愛は力そのものであり力は愛そのもの」という、ある意味でかなり難解なものだ。

仏門の行としての動禅としても捉えることができる少林寺拳法にこのような思想が息づいていることは、キリストの教えの中にある「汝の敵を愛せよ」というやはり議論の多い言葉に重なる点が多いことで注目に値するのではないだろうか。近年の研究では、禅の祖となる達磨大師がキリスト亡き後の迫害を逃れ東方へとキリストの教えを伝えた使徒トマスだという説も生まれてきていることを考えると、これは単なる偶然の一致ではないかもしれない。

「汝の敵を愛せよ」に関連したキリストの言葉としては、他にも「右の頬を打たれたなら、左の頬も差し出しなさい」というものがあるが、これもまた「受け入れる」という人間の高度な精神活動の所産と考えられる。

仏教において力は理智を表し、愛は慈悲を表しているという。理智と慈悲、力と愛は互いに相反するふたつのものだが、それらが調和し統一された状態こそが人間の高度な精神活動の中心でなくてはならない。このように一見対立し相反すると見られるものがそれぞれの特性を活かしながら調和するときにこそ、万物が生成化育する「神秘力」(=調和力)が発現し、絶対平和の理想郷が生まれるのだと宗道臣は教えている。これが「力愛不二」の本意であり、陰陽和合表裏一体とも表現される全ての根元となる大調和の世界を、人間の精進努力によってこの世に実現させるための道を行うのが少林寺拳法の特徴となっている。

その流れの中から生まれたボディーバランス・コミュニケーション(BBC)の体系においては、「調和力」を育むことができる平易な身体運動に特化することによって、少林寺拳法や仏門の外にいる多くの若い女性達が内面から輝くことができ、その結果として社会の中で活き活きと活動していけるようになるコミュニケーション技法が開発されている。そして、BBCにおいて「調和力」を意識し始める段階がまさに「受け入れる」ことを学ぶときであり、そこから「人間愛」や「調和力」といった人間本来の高度な精神活動の一端に触れることができるようになるのだ。

心して学んでいこう。

――座法逆手握り左右肘掛け受け身――

既に修得した座法内手持ち左右相互受け身の応用技法を学ぶことで、特に相手を「受け入れる」イメージを創り上げていくことができる。

この応用技法では、互いに正座して相対する二人（AさんとBさん）が右手を相手の眼前に高く出していくのだが、まずAさんが右手といっしょに上体を少し前に出すようにして息を吐きながら相手の右手首を自分の親指が上になるように内側からつかむ。このとき、Bさんは息を吸いながら手首をつかまれた右手といっしょに上体を少し前に迎えにいくようにして呼気のキャッチボールをするのだが、それに合わせて自分の左手を相手の右肘に軽く添える。また、息を吸い始めるとき、つまり相手の右肘に触れた瞬間に「ハイ」というかけ声をかけることはせず、その代わりに自分の右手首を下から添えている相手の気持を自分の右手と左手で暖かく抱き寄せて吸収するイメージを持つようにす

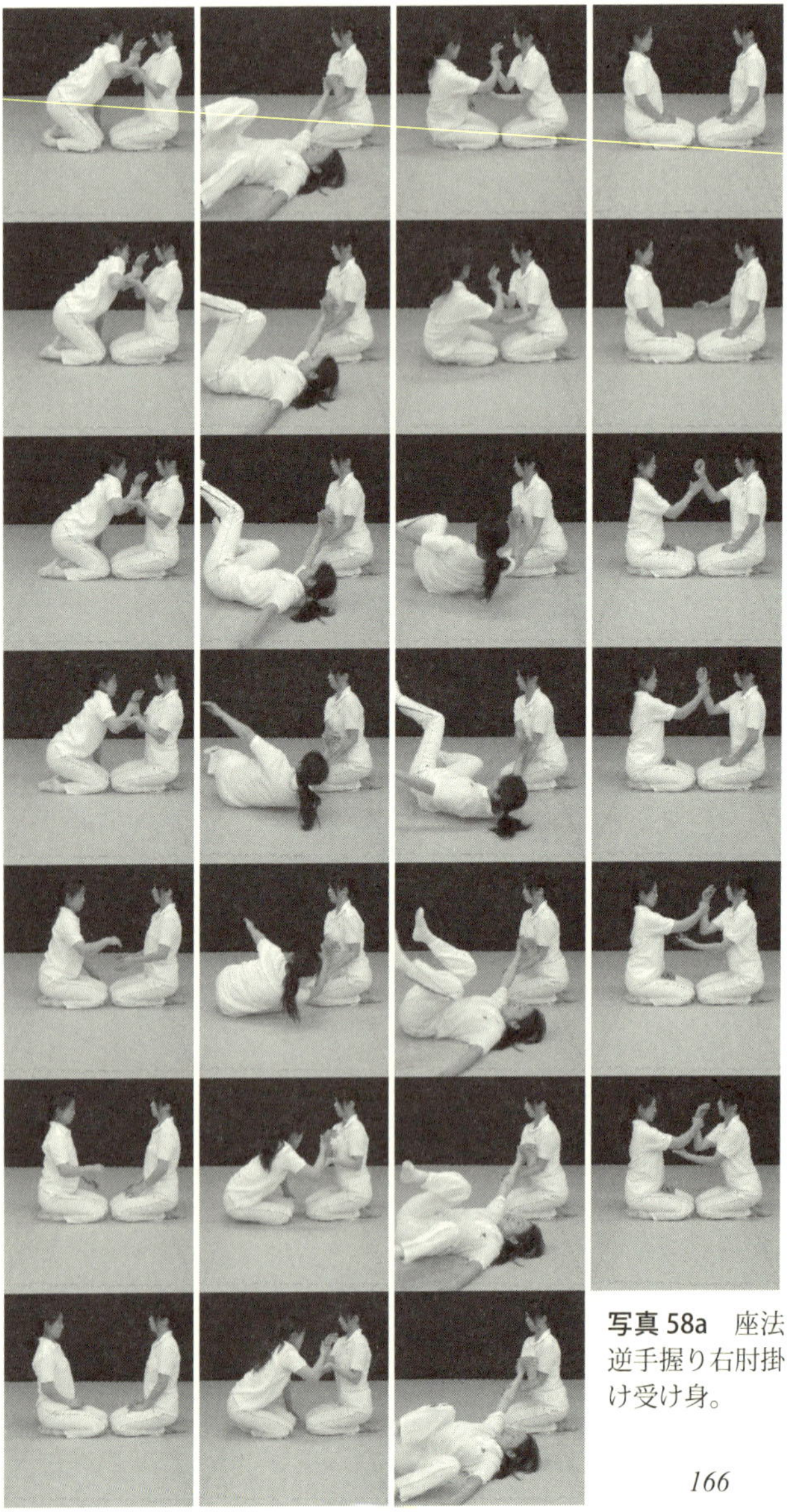

写真 58a　座法逆手握り右肘掛け受け身。

る。すると、Ｂさんが自分の左手で相手の右肘を軽く包むようにして息を吸いながら上体を少し左に向ける動作をするだけで、Ａさんは右前方に右腰から背中を床につけるようにして簡単に転んでしまう（写真58）。

ＢＢＣでは、これを座法逆手握り右肘掛け受け身と呼んでいる。息を吸いながら相手を転ばせるときには、相手を抱きしめるイメージだけでなく暖かい気持で相手の存在を完全に自分の中に吸収してしまうイメージも持つように心がけるのだが、このことが相手を「受け入れる」第一歩となる。

転んだＡさんは、座法内手持ち右相互受け身のときと同じく、自分が転んだ動きを逆に辿るようにして起き上がり、再びＢさんと相対して正座する位置まで戻った後、今度は座法逆手握り左相互受け身のための準備をする。即ち、互いに自分の左手を相手の眼前に高く出すのだが、まずＡさんが上体を少し前に出しながら息を吐きつつ左手で親指が上になるようにして相手の左手首を内側からつかみ、同時にＢさんは息を吸いながら左手と上体で迎えにいく。このとき、Ｂさんは自分の右手で相手の左肘を軽く包むようにして息を吸いながら右手と上体を少し前に迎えにいき、暖かく抱き寄せて吸収するイメージを持つ。そのまま息を吸いながら上体を少し右に向ける動作をすることにより、Ａさんは左前方に左腰から回転して背中を床につけるように転んでいく（写真59）。

写真 58b　座法逆手握り右肘掛け受け身を後方から見る。

写真59　座法逆手握り左肘掛け受け身。

ＢＢＣでは左手による運動と右手による運動を交互に繰り返し行っていくが、座法逆手握り右肘掛け受け身と座法逆手握り左肘掛け受け身もまた交互に繰り返し、座法逆手握り左右肘掛け受け身となる。もちろん、途中で両者の役割を入れ換えることで、今度はＢさんが座法逆手握り左右肘掛け受け身によって床に転ぶ運動を行うのだが、互いに相手の気持ちを両手で暖かく抱き寄せるかのようなイメージを明確にし、相手の存在を「受け入れる」ことを学ぶのが重要だ。

——立ち合い逆手握り左右肘掛け受け身——

相手がこちらの手首を内側からつかんでくる立ち合い内手持ち左右相互受け身においては、両者の手の位置はお腹の前となっていた。今度は、両者の手の位置が胸の前あたりの高いところになる受け身技法を学んでいく。

まず、立ち合い内手持ち右相互受け身と同じく、右半身の形で立ちながら相対する両者（ＡさんとＢさん）が互いに自分の右手を前に出していくのだが、こちらの胸の前あたりの高い位置に右手を持っていく。このとき、一方のＡさんは両膝を軽く折りながら右手といっしょに上体と腰を少し前に出しながらイメージを送りつつ相手の右手首を自分の親指が上になるように内側から軽くつかむ。このとき、手首を内側からつかまれたBさんはイメージを吸収しながら右手といっしょに上体と腰を少し前に迎えにいくようにしてイメージのキャッチボールをする。

次にBさんは自分の左手を相手の右肘の下に軽く添えるようにしてイメージを送りながら右手といっしょに上体と腰を少し前に出すのだが、相手の右肘に左手を添えた瞬間に右膝を緩めながら上体

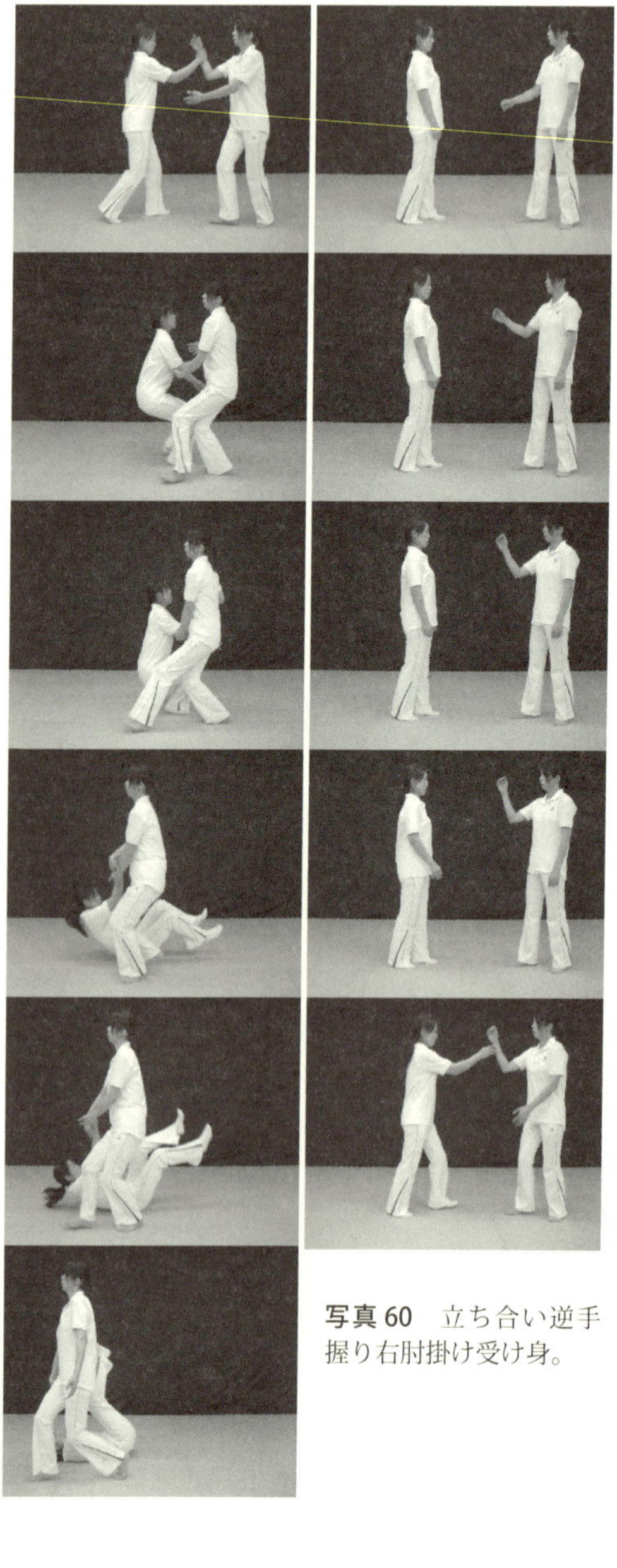

写真60　立ち合い逆手握り右肘掛け受け身。

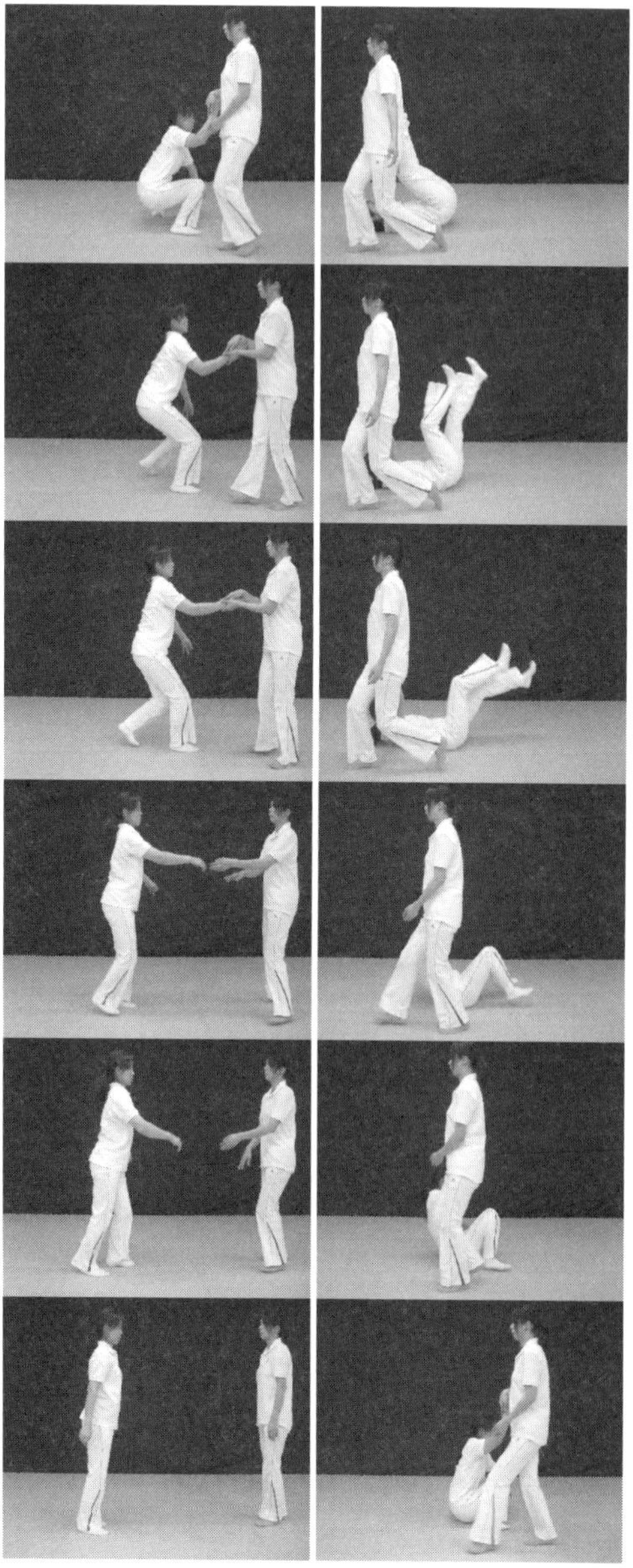

を乗せたまま左の腰を前に出すようにして左足を前に進める。このとき、やはり左手を添えた相手の右肘が自分のお腹に触れることになるが、次の瞬間に右足を前に進めた直後に相手は下半身から先に崩れていく。もちろん、相手を押し倒す気持は捨て去り、逆に自ら崩れるようにして尻餅をつきながら後に転んでいく相手が床で後頭部を打たないよう、相手の右腕を持ち上げて支えるために右足を前

に進めると考えるのがよいのも立ち合い内手持ち右相互受け身と同じ（写真60）。このような受け身技は立ち合い逆手握り右肘掛け受け身と呼ばれる。

この立ち合い逆手握り肘掛け受け身においても、右半身だけでなく左半身でも同じ回数だけ行う。左半身の形で相対して立ちながら、AさんとBさんが互いに自分の左手を胸の位置まで前に出して

写真 61　立ち合い逆手握り左肘掛け受け身。

いくとき、一方のAさんは両膝を軽く折りながら左手といっしょに上体と腰を少し前に出しながらイメージを送りつつ相手の左手首を自分の親指が上になるように内側から軽くつかむ。このとき、手首を内側からつかまれたBさんはイメージを吸収しながら左手といっしょに上体と腰を少し前に迎えにいくようにしてイメージのキャッチボールをする。Bさんは自分の右手を相手の左肘の下に軽く添えるようにして上体と腰を少し前に出すのだが、相手の左肘に右手を添えた瞬間に左膝を緩めながら上

体を乗せたまま右の腰を前に出すようにして右足を前に進める。このとき、右手を添えた相手の左肘が自分のお腹に触れることになるが、次の瞬間に左足を前に進めた直後に相手は下半身から先に崩れていく。

もちろん、相手を押し倒す気持は捨て去り、逆に自ら崩れるようにして尻餅をつきながら後に転んでいく相手が床で後頭部を打たないよう、相手の左腕を持ち上げて支えるために左足を前に進めるイメージを持つのだ（写真61）。これが立ち合い逆手握り左肘掛け受け身に他ならない。

BBCにおける全ての技法と同様に、立ち合い逆手握り右肘掛け受け身と立ち合い逆手握り左肘掛け受け身を交互に繰り返し練習していくが、それは立ち合い逆手握り左右肘掛け受け身と呼ばれる。さらには、途中で両者の役割を入れ換えることで、今度はBさんが立ち合い逆手握り左右肘掛け受け身によって床に転ぶ運動を行う。少林寺拳法の「半ばは自己の幸せを、半ばは他人の幸せを」という思想が反映され、両者が共に楽しく役割を交替しながら練習を重ねていくことで互いに相手を受け入れる調和ある雰囲気が生まれるようにしていく。

この身体運動技法は少林寺拳法の「巻小手」という技法に近いものとなっているが、だからといって「相手を倒す」というイメージを強くしてはならない。相手が倒れるのは単なる現象的な結果であって、内面においては常に相手を完全に受け入れる境地に達しているからこそ、そこに「調和力」が生まれ相手が楽しく転んでいくということを理解した上で、調和のイメージを大きくしていくことを学ぶ必要がある。

――座法上腕捕り左右肘掛け受け身――

ＢＢＣ第五課では、座法内手持ち左右相互受け身の応用技法として座法逆手握り左右肘掛け受け身を学び、相手を「受け入れる」イメージを創り上げてきた。ここで、相手だけでなく自分をも含めた境遇そのものを「受け入れる」ことができるように、さらにイメージを大きくしていくための応用受け身技法に進んでみよう。

この応用技法では、座法逆手握り左右肘掛け受け身と同様に互いに正座した二人（ＡさんとＢさん）が相対するのだが、まずＢさんが左手を前に出しながらイメージを送るようにして相手の右手上腕部を上からつかむ。このとき、Ａさんはイメージを吸収しながら上腕部をつかまれた右手といっしょに上体を少し前に出すようにしてイメージのキャッチボールをするのだが、それに合わせて自分の左手を相手の左肘に下から軽く添えると同時に自分の右手で相手の左手を外側から軽くはさむ。ちょうど相手の肘を大切に包み込むかのように、暖かい気持でできるだけ柔らかく触れることが、自分の上腕部をつかんできた相手をも完全に「受け入れる」イメージを強くしていく上で重要となる。

さらに、イメージを吸収し始めるとき、自分の右手上腕部をつかんでいる相手の気持を自分の右手と左手で暖かく抱き寄せて吸収するイメージを持つようにする。すると、Aさんが自分の左手と右手で相手の左肘を暖かく包み込むようにしてイメージを吸収しながら上体を少し右に向ける動作をする

写真 62　座法上腕捕り左肘掛け受け身。

だけで、Bさんは左前方に左腰から背中を床につけるようにして簡単に転んでしまう（写真62）。
これは座法上腕捕り左肘掛け受け身と呼ばれる。暖かい気持で相手の存在だけでなく自分自身が置かれた境遇までをも完全に自分の中に吸収してしまうイメージを持つように心がけることで、完全に「受け入れる」ことができる自分に生まれ変わることができる。
転んだBさんは、座法逆手握り左相互受け身のときと同じく、自分が転んだ動きを逆に辿るようにして起き上がり、再びAさんと相対して正座する位置まで戻った後、今度は右手を前に出しながらイメージを送りつつ右手で相手の左手上腕部を上からつかむ。このとき、Aさんは自分の右手を相手の右肘に下から軽く添えるようにしてイメージを吸収しながら左手と上体を少し前に出し、同時に自分の左手で相手の右手を外側からはさむのだが、自分の左手上腕をつかんでいる相手の右腕の肘を自分の左手と右手で暖かく抱き寄せて吸収するイメージを持つ。そのままイメージを吸収しながら上体を

写真 63a 座法上腕捕り右肘掛け受け身。

少し左に向ける動作をすることにより、Bさんは右前方に右腰から回転して背中を床につけるように転んでいく（写真63）。これを座法上腕捕り右肘掛け受け身と呼ぶ。

座法上腕捕り左肘掛け受け身と座法上腕捕り右肘掛け受け身も、その技法を交互に繰り返し行うのが基本となるが、それは座法逆手握り左右肘掛け受け身と呼ばれる。途中で両者の役割を入れ換える

写真 63b　座法上腕捕り右肘掛け受け身を右後方から見る。

ことはいうまでもない。互いに相手の肘を両手で暖かく包み込み、相手の気持を完全に「受け入れる」ようなイメージを明確にし、相手の存在だけでなく自分の置かれた境遇をも「受け入れる」ことを学んでいきたい。

――立ち合い上腕捕り左右肘掛け受け身――

立ち合い逆手握り左右肘掛け受け身においては、両者の手の位置が胸の前あたりの高いところになっていたため相手の姿全体を捉えやすく、そのため相手を「受け入れる」ことを容易に学ぶための技法となっていた。次に、相手がより接近してくるため、両者の間隔が小さくなる場合の受け身技法を身につけることで、より完全に相手や自分の置かれた状況を「受け入れる」ことができるように努める。

まず、立ち合い逆手握り右肘掛け受け身と同じく、一方のAさんは右半身、他方のBさんは左半身の形で両者（AさんとBさん）が立ちながら相対するが、一方のAさんは両膝を軽く折りながら右手といっしょに上体と腰を少し前に出しながらイメージを送りつつ相手の左手上腕部を右手で上から軽くつかむ。このとき、左手上腕を上からつかまれたBさんはイメージを吸収しながら左手といっしょに上体と腰を少し前に迎えにいくようにしてイメージのキャッチボールをするのだが、Bさんは自分の右手を相手の右肘の下に軽く添えるようにしてイメージを吸収するだけでなく、左手も相手の右手を外側から包み込むように添えながら上体と腰を少し前に出す。そして、相手の右肘に右手を添えた瞬間に左膝を緩めながら上体を乗せたまま右の腰を前に出すようにして右足を前に進めると、両手で包み込むようにした相手の右肘が自分の胸に触れることになるが、次の瞬間に左足を前に進めた直後に相手は下半身から先に崩れていく。

もちろん、相手を押し倒す気持ではなく、逆に相手の右肘だけでなく全存在をも完全に自分の中に受け入れ吸収してしまうイメージを持つことが重要となるし、自ら崩れるようにして尻餅をつきながら後に転んでいく相手が床で後頭部を打たないように相手の右腕を持ち上げて支えるために左足を前に進めると理解する（写真64）。この技法は立ち合い上腕捕り右肘掛け受け身と呼ばれている。

この立ち合い上腕捕り肘掛け受け身においても、左右半身を入れ換えて行う。Aさんが左半身、Bさんが右半身の形で相対して立つ場合、一方のAさんは両膝を軽く折りながら左手といっしょに上体と腰を少し前に出しながらイメージを送りつつ相手の右手上腕部を左手で上から軽くつかむ。すると、右肘を上からつかまれたBさんはイメージを吸収しながら右手といっしょに上体と腰を少し前に迎えにいくようにしてイメージのキャッチボールをするのだが、このとき自分の左手を相手の左肘の下に軽く添えるようにして上体と腰を少し前に出すだけでなく、自分の左手を添えた瞬間に右膝を緩めながら上体を乗せたまま左の腰を前に出すようにして左足を前に進める。

ちょうど相手の左肘を両手で暖かく包み込んでしまう形になった両手が自分の胸に触れることにな

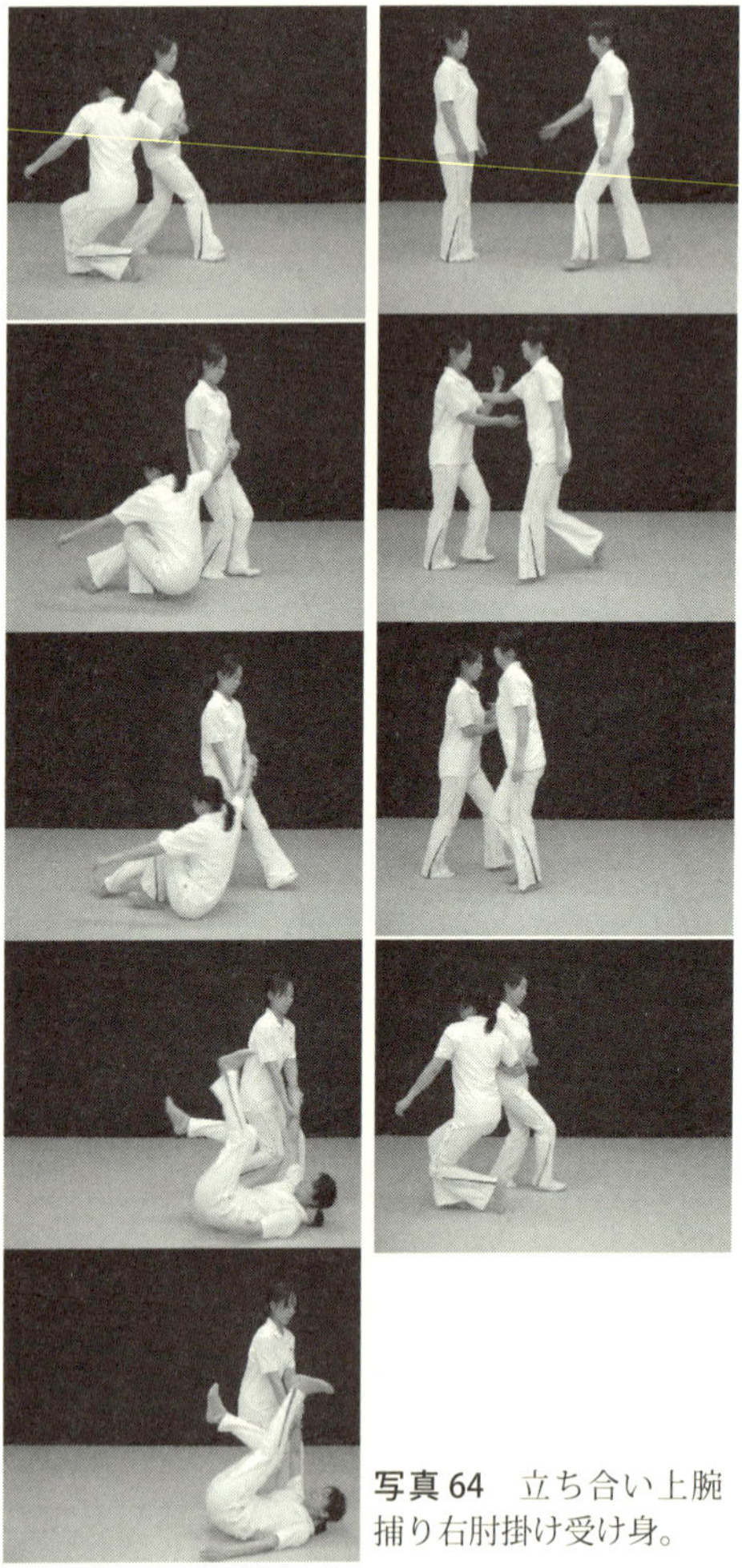

写真64　立ち合い上腕捕り右肘掛け受け身。

り、次の瞬間に右足を前に進めた直後に相手は下半身から先に崩れていく。もちろん、相手を押し倒す気持は捨て去り、相手を自分の中に吸収して完全に受け入れるイメージを持つことを忘れてはならない（写真65）。これが立ち合い逆手握り左肘掛け受け身に他ならない。

立ち合い上腕捕り右肘掛け受け身と立ち合い上腕捕り右肘掛け受け身も交互に繰り返し練習していくのだが、それを立ち合い上腕捕り左右肘掛け受け身と呼ぶ。また、両者の役割を入れ換え、両者が共に楽しく役割を交替しながら練習を重ねていきながら、互いに相手を受け入れ調和ある雰囲気を生むように努めるのが重要である。相手を完全に受け入れているからこそ、そこに「調和力」が生まれ、相手が楽しく転んでいくというボディーバランス・コミュニケーション（BBC）の本質を学ぶ段階に到達しているのだから。

写真65 立ち合い上腕捕り左肘掛け受け身。

ＢＢＣ第六課　委ねる

――実際に委ねる前に――

第五課においては、「人間愛」という最も高度な精神活動の入口に位置する「受け入れる」ことを学んできた。「受け入れる」というのは、他者を受け入れる、自分を受け入れる、あるいは他者も含めた自分の置かれた状況そのものを受け入れることにつながるのみではなく、他者のいたらない点を受け入れその過ちまでも受け入れることに到る。それは、仏教における「慈悲」やキリスト教における「人間愛」の心を抱くための出発点となるのだった。

そして、ボディーバランス・コミュニケーション（ＢＢＣ）においては「受け入れる」ことを学ぶことによって「人間愛」を身につけるだけでなく、「人間愛」を出発点として若い女性達が輝きながら社会生活を送ることができるような内面を創り上げていくことを目標としている。

これまでのところ、ＢＢＣにおける身体操作の基本となっているイメージ呼吸操法において、イメージを吸収しているときには相手を無条件に受け入れるように努めてきた。そしてまた、相手にイメージを送っているときには無条件に与える、つまり自分の存在を相手に完全に委ねるように指導してきたが、それについては特に取り上げることもしていない。ところが、この「委ねる」という精神活動については、「受け入れる」という精神活動以上に輝く内面を創り上げる効果が高いことが知られている。そこで、ＢＢＣ第六課では「委ねる」ことを学ぶための身体操作技法を取り上げることにする。

相手を完全に「受け入れる」ということが、「汝の敵を愛せよ」あるいは「汝の隣人を愛せよ」というキリストの言葉につながると指摘した。しかし、「受け入れる」という精神活動においては、未だ「自分が」他者である相手や自分の置かれた状況を「受け入れる」という主体性が残っている。ところが、キリストの教えの本質は、「自分が」という主体性をも完全に捨て去り、主である神に全てを「委ね」神の僕《しもべ》となることにあるという。つまり、「人間愛」や「調和力」といった人間本来の高度な精神活動を経験するためには、自分という主体が「受け入れる」ことを努めるだけでなく、自分という主体までをも消滅させ人間存在を超えたものに完全に「委ねる」ことができるようにしなくてはならないのだ。

しかしながら、キリスト教あるいは少林寺拳法や仏門の外にいる多くの若い女性達にとって、「神の愛」あるいは「仏の慈悲」などの言葉で表される人間存在を超えたものを思い描くのは容易ではないだろう。さらには、内面から輝くことができ、その結果として社会の中で活き活きと活動していけるようになるコミュニケーション技法としてのBBCを学んでいく中で、「調和力」を意識し始める最終段階として「委ねる」ことを学ぶといわれても、その「委ねる」相手が明確ではなかったなら決して容易なことではないに違いない。

そこでBBCにおいては、「調和力」を身につけるために互いに助け合いながら様々な身体技法を学んできた相手に注目し、その相手を「委ねる」対象として位置づけることにしている。全ての人間は「神の愛」や「仏の慈悲」を具現している存在に他ならないといわれていることを考えれば、共にBBCの技法を学んでいく相手に「委ねる」ことは、実際に自我を取り去って「神の愛」や「仏の慈悲」にすがることができるようになるための最良の近道なのかもしれない。

ボディーバランス・コミュニケーションの総仕上げの意味も兼ねて、これまでいっしょに学んできた仲間全員を神様や仏様だと思い、心の奥底から相手を敬い自分だけでなく自分を取り巻く状況をも相手に完全に委ね、初対面の大人に両手で高く抱え上げられた無垢な幼児が全く危惧することなく笑い続けることができるのと同じように、「委ねる」ことの素晴らしさを思う存分に味わっていこう。

──立ち合い逆手握り左右足払い受け身──

BBC第5課で学んだ立ち合い逆手握り左右肘掛け受け身は、両者の手の位置が首の前あたりの高いところになっていたため相手の姿全体を捉えやすく、相手や自分の置かれた状況を「受け入れる」ことを学ぶことができる技法となっていた。相手を「受け入れる」ことの次に相手に委ねることを学ぶにあたり、まずはたとえこちらを倒そうとする相手に意図が見えたとしても、その相手に完全に自分を委ねる受け身技法を身につけていくことにする。

立ち合い逆手握り右肘掛け受け身と同様に、右半身の形で立ちながら相対する両者（AさんとBさん）が互いに自分の右手を胸あたりの高い位置に高く出していく。そして、一方のAさんは両膝を軽く折りながら右手といっしょに上体と腰を少し前に出しながらイメージを送るのだが、このとき相手の右手首を自分の親指が上になるように内側から軽くつかむ。それに対して、相手のBさんはイメージを吸収しながら右手といっしょに上体と腰を少し前に迎えにいくようにしてイメージのキャッチボールをする。

ここでBさんは、自分の左手を相手の右肘の下に軽く添えるようにしてイメージを吸収しながら右手といっしょに上体と腰を少し前に出すのだが、相手の右肘に左手を添えた瞬間に右膝を緩めながら上体を乗せたまま左の腰を前に出すようにし、左足で相手の右足を後から払う動作を入れておいてから右足を前に進める。

このとき、相手のAさんは右足を後から払われて不安定になるが、その不安定さに抗して足を踏ん張ろうとする気持は捨て去り、逆に自ら全てを足払いを仕掛けてくるBさんに委ねるようにする。そして、自分の全てを相手に委ね、むしろ自らが崩れるようにして尻餅をつきながら後に転んでいく（写真66）。この受け身技は立ち合い逆手握り右足払い受け身と呼ばれる。

この立ち合い逆手握り足払い受け身においても、右半身だけでなく左半身でも同じ回数だけ行う。左半身の形で相対して立ちながら、AさんとBさんが互いに自分の左手を胸の高い位置まで前に出していくとき、一方のAさんは両膝を軽く折りながら左手といっしょに上体と腰を少し前に出しながらイメージを送りつつ相手の左手首を自分の親指が上になるように内側から軽くつかむ。このとき、手首を内側からつかまれたBさんはイメージを吸収しながら左手といっしょに上体と腰を少し前に迎えにいくようにしてイメージのキャッチボールをする。Bさんは自分の右手を相手の左肘の下に軽く添えるようにして上体と腰を少し前に出すのだが、相手の左肘に右手を添えた瞬間に左膝を緩めながら

写真 66　立ち合い逆手握り右足払い受け身。

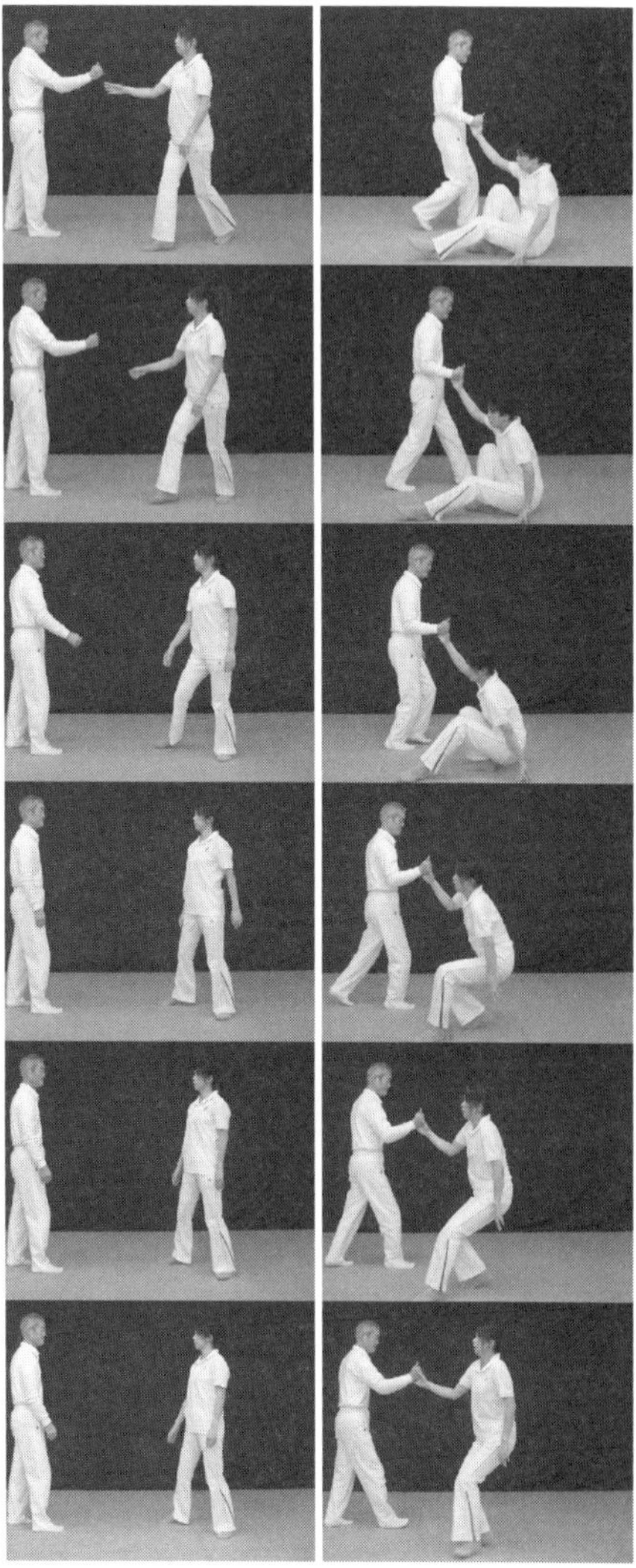

上体を乗せたまま右の腰を前に出すようにし、右足で相手の左足を後から払う動作を入れておいてから左足を前に進める。

このとき、相手のAさんは左足を後から払われて不安定になるが、右半身の時と同様にその不安定さに抗して足を踏ん張ろうとする気持は捨て去り、逆に自ら全てを足払いを仕掛けてくるBさんに委ねるようにする。そして、自分の全てを相手に委ね、むしろ自らが崩れるようにして尻餅をつきなが

写真67　立ち合い逆手握り左足払い受け身。

ら後に転んでいく（写真67）。これが立ち合い逆手握り左足払い受け身に他ならない。

立ち合い逆手握り右足払い受け身と立ち合い逆手握り左足払い受け身を交互に繰り返す受け身技法は、立ち合い逆手握り左右足払い受け身と呼ばれる。また、途中で両者の役割を入れ換えることで、

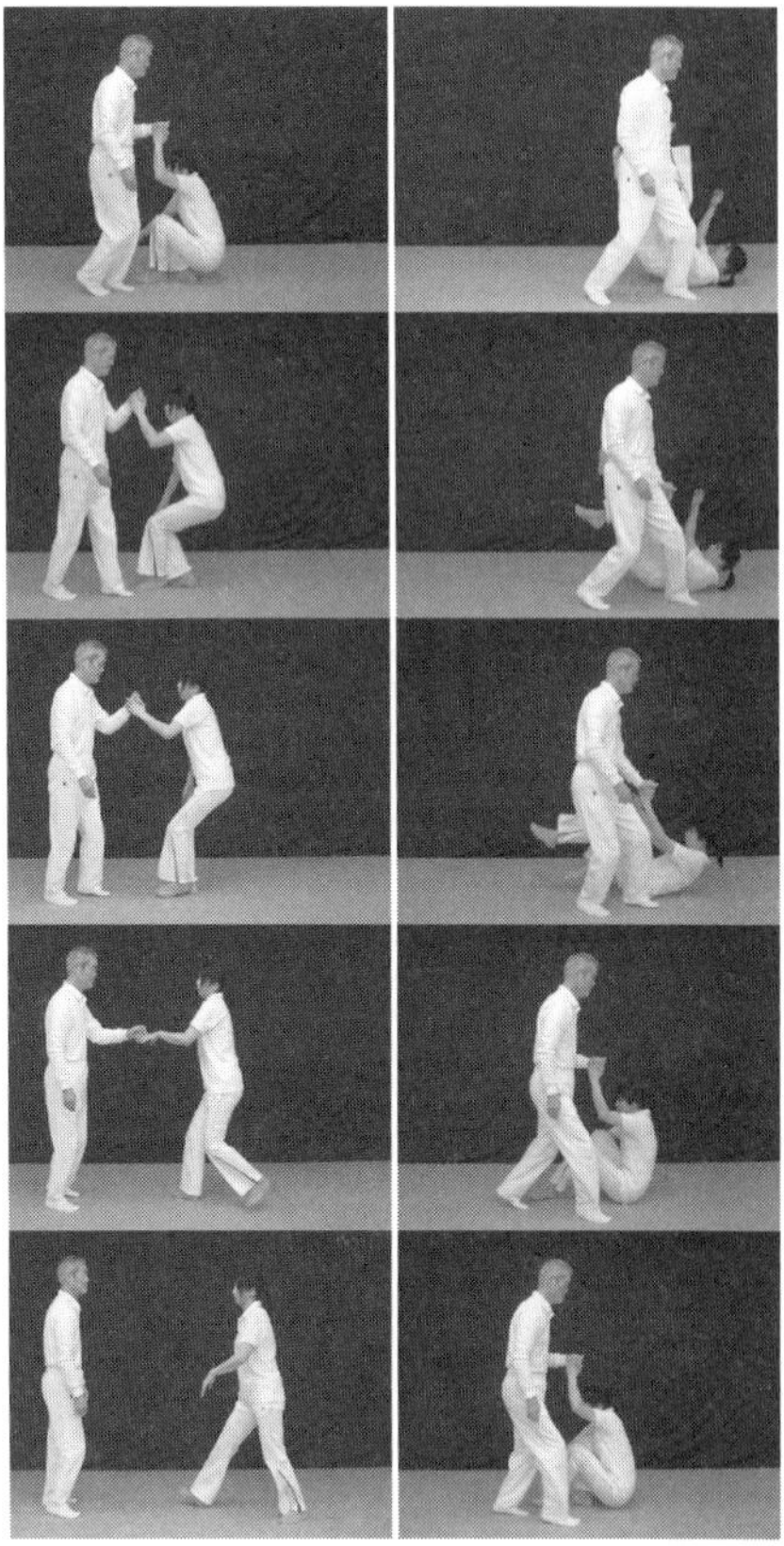

互いに自分を相手に完全に委ね調和ある雰囲気を生んでいくように努める。内面において常に相手に完全に委ねることができるからこそ、そこに「調和力」が生まれ活き活きとした社会生活を送ることができるようになるということを理解した上で、調和のイメージを大きくしていくのだ。

——座り腕相撲——

ＢＢＣ第四課において学んだ「遊び」技法の中にフラフープを回すときのような腰の動きがあった。

自分を相手に委ねる内面を持つことで「調和力」を生み出すことができることを体験する第六課でのボディーバランス・コミュニケーション（ＢＢＣ）技法として、まず座って腕相撲を取ってみよう。相対して正座するＡさんとＢさんが互いに自分の右手を顔の前に出し、腕相撲のように手を握り合う。普通の腕相撲は肘を机の上に固定するが、正座して行う座り腕相撲においては肘は宙に浮かせたままにすることに注意しよう。

単なる座り腕相撲の試合においては、両者ともにひたすら相手を打ち負かそうと腕力を最大限に使って肘から先の腕を曲げていく。これまでＢＢＣの技法によって学んできたことで調和力が身についていることを確認する体験として、ここでは一方のＡさんは砥石の役割を務める意味であえて腕力で相手を打ち負かそうとしなければならない。そのおかげで、相手のＢさんは調和力発現の体験をすることになるが、以下の解説のようにうまく調和力が生まれないときには、せめて腕力で勝とうとかなどとは考えず、再びＢＢＣの第一課から順に第五課までの技法を一週間程度繰り返し続けていってから再チャレンジすればよい。

調和力を身につけることを急いではならない。全てのものごとには時があり、その時を無視しては何ごとも成就しないのだ。調和力の体験ができることはとても素晴らしいことではあるが、他の人よりも早く体験できるといったことには意味はない。調和力は本来人間誰しもが自然に発揮できるものであり、遅かれ早かれ誰にでも体験の機会が訪れることになるのだから。まさに、焦りは禁物。まだできなければ、笑って待っていればよいだけ。

さて、Aさんが右手を肘から曲げながら腕力で腕相撲を仕掛けてくるとき、それに対抗するBさんの本来の動きはやはり腕力で右手を肘から曲げていくというものだが、ここではその本来の動きをBBC第三課で学んだ「遊び」の動きに置き換えてしまう。即ち、腕力で勝とうとしてくる相手のイメージを吸収しながら右手といっしょに腰を上から見て反時計回りにフラフープを回すように、円弧を描きながら左後ろに引くのだ。それによって相手の腕力の勢いだけでなく腕相撲に勝とうとする気持をも完全に受け入れることができるが、さらにはその相手の勢いや気持に完全に自分を委ねることもできる。

その委ねた位置からBさんが自分の腕力で相手に勝とうとする本来の次なる動作をも「遊び」に置き換え、引き続き腰でそのまま反時計回りに円弧を描くように腰を左にずらしながら後に引く。つまり、上から見て反時計回りにフラフープを回し続けるようにするのだが、このときも腕相撲に勝とうとしてくる相手のイメージを吸収するだけでなく、自分を完全に相手に委ねたままにしておく。すると、腰を上から見て反時計回りにフラフープを回すかのように一周させるという「遊び」が入ることで相手のイメージが空回りしてしまい、Bさんが腰を一周回す動きに合わせて右手を自分の左胸の位置に近づける動作をするだけで、相手のAさんは右前方に右腰から背中を床につけるようにして簡単に転んでしまう（写真68）。この身体運動は右手による座法合掌握り腰回し相互受け身と呼ばれるが、ここでのようにBBCによる調和力発現の体験をするためにあえて一方が腕力で行う場合には右手による座り腕相撲と呼んでいる。

座法裏合掌腰回し相互受け身と同様に、右前方に右腰から転んだAさんはその動きを逆に辿るようにして起き上がり、再びBさんと相対して正座する位置まで戻る。そして、今度は互いに自分の左手

写真68a 右手による座法合掌握り腰回し相互受け身（腕相撲）。

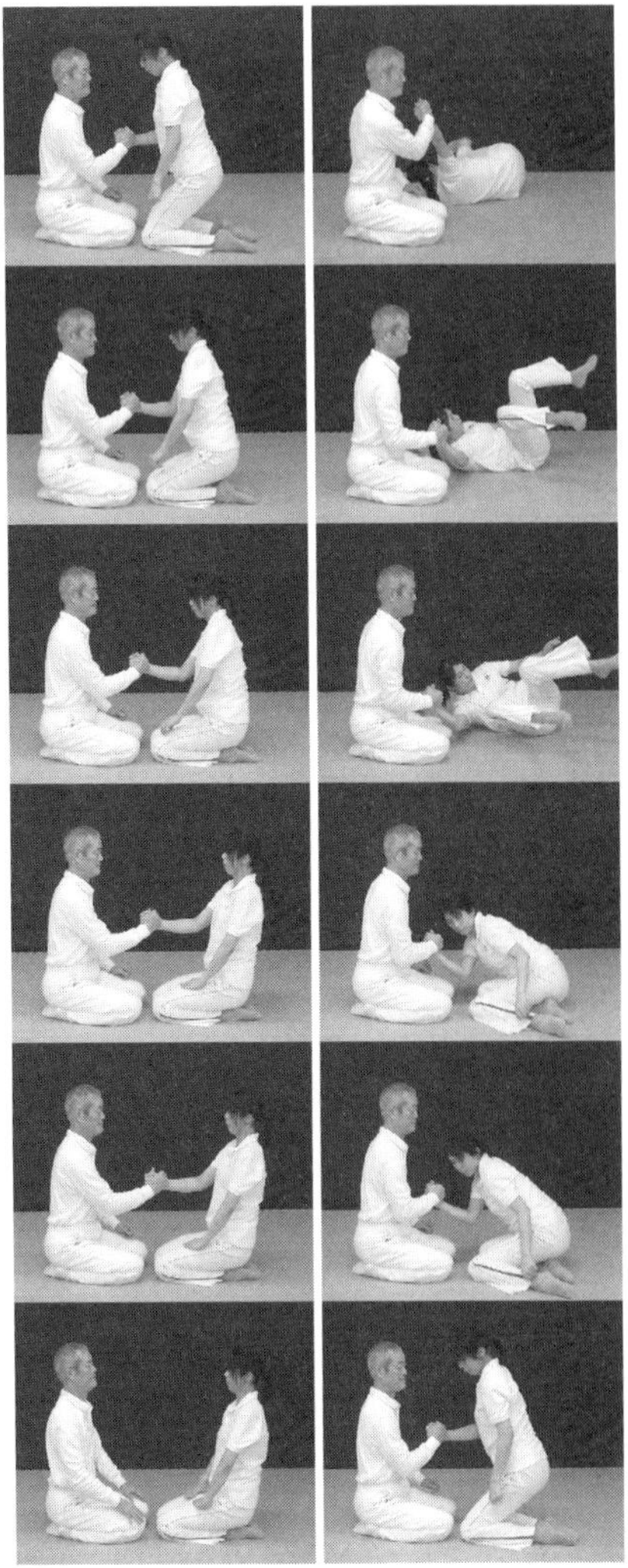

で相手の左手を握り、左手による腕相撲を行う。

即ち、Ａさんが左手を肘から曲げながら腕力で腕相撲を仕掛けてくるのだが、Ｂさんは勝とうとしてくる相手のイメージを吸収しながら左手といっしょに腰を上から見て時計回りに円弧を描きながら右後ろに引く。それによって相手の腕力の勢いだけでなく腕相撲に勝とうとする気持をも完全に受け入れることができるのだったし、さらにはその相手の勢いや気持に完全に自分を委ねることもできることになるのだった。そして、引き続きそのまま時計回りに円弧を描くように腰を右にずらしながら

写真 68b　右手による座法合掌握り腰回し相互受け身（腕相撲）を右後方から見る。

前に出すのだが、このときも腕相撲に勝とうとしてくる相手のイメージを吸収するだけでなく、自分を完全に相手に委ねたままにしておくことが重要だ。

これによって、腰を上から見て時計回りにフラフープを回すかのように一周させる動きに合わせて左手を自分の右胸の位置に近づける動作をするだけで、相手のAさんは左前方に左腰から背中を床につけるようにして簡単に転んでしまう（写真69）。この身体運動は左手による座法合掌握り腰回し相

写真 69　左手による座法合掌握り腰回し相互受け身（腕相撲）。

互受け身と呼ばれ、やはり調和力発現の体験技法とする場合には左手による座り腕相撲と呼ばれる。

こうして、Ａさんが砥石の役目を果たしてくれたおかげで、ＢさんはＢＢＣの身体技法を学ぶことで実際に調和力を生み出すことができるようになったことを体験することができたわけだが、次には両者の役割を入れ換えることでＡさんもまた調和力発現の体験を得ることができる。

──立ち合い腕相撲──

相手を完全に受け入れるだけでなく、さらに自分を相手に委ねることで「調和力」を生み出すことができることを座り腕相撲で体験した後には、ボディーバランス・コミュニケーション（BBC）における身体操作技法の集大成として、立った位置での腕相撲に挑戦してみよう。

BBC第5課で学んだ立ち合い逆手握り左右肘掛け受け身は相手や自分の置かれた状況を「受け入れる」ことを学ぶことができる技法だった。既に座り腕相撲で体験したように、相手を「受け入れる」だけでなく相手に自分を委ねることで「調和力」を自在に操ることができるようになるのだが、立ったままで行う腕相撲を通して「調和力」の操法の初歩を修得することができる。

立ち合い逆手握り右肘掛け受け身と同様に、右半身の形で立ちながら相対する両者（AさんとBさん）が互いに自分の右手を相手の顔か胸の前あたりの高い位置に高く出して腕相撲のように手を握り合う。そして、Aさんが右手を肘から曲げながら腕力で腕相撲を仕掛けてくるとき、それに対抗するBさんは本来の動きとして右手腕力で応戦していくのだが、ここではその本来の動きをやはり「遊び」の動きに置き換えてしまう。即ち、座り腕相撲のときと同じく、腕力で勝とうとしてくる相手のイメージを吸収しながら右手といっしょに腰を上から見て反時計回りにフラフープを回すように、円弧を描きながら左後ろに引く。それによって相手の腕力の勢いだけでなく腕相撲に勝とうとする気持をも完全に受け入れることができるだけでなく、相手の勢いや気持に完全に自分自身を委ねることができるのだった。

その委ねた位置からBさんが自分の腕力で相手に勝とうとする本来の動作をも「遊び」に置き換え、引き続き腰でそのまま反時計回りに円弧を描くように腰を左にずらしながら前に出してフラフープを回し続けるようにする。腕相撲に勝とうとしてくる相手のイメージを吸収するだけでなく、自分を完全に相手に委ねたままにしておけば相手のイメージが空回りし、Bさんが腰を一周回す動きに合わせて右手を自分の左胸の位置に近づける動作をするだけで、相手のAさんは腰砕けになり後方にお尻から背中を床につけるようにして転んでしまう（写真70）。この身体運動は立ち合い合掌握り腰回し右相互受け身と呼ばれるが、右手による立ち合い腕相撲と呼んでもよい。

次には、互いに自分の左手で相手の左手を握って左手による腕相撲を行う。即ち、Aさんが左手を肘から曲げながら腕力で腕相撲を仕掛けてくるのだが、Bさんは勝とうとしてくる相手のイメージを吸収しながら左手といっしょに腰を上から見て時計回りに円弧を描きながら右後ろに引く。それに

写真70　立ち合い合掌握り腰回し右相互受け身（右手による立ち合い腕相撲）。

よって相手の腕力の勢いだけでなく腕相撲に勝とうとする気持をも完全に受け入れることができるのだったし、さらにはその相手の勢いや気持に完全に自分を委ねることもできることになるのだった。

そして、引き続きそのまま時計回りに円弧を描くように腰を左にずらしながら前に出すのだが、このときも腕相撲に勝とうとしてくる相手のイメージを吸収するだけでなく、自分自身を完全に相手に委ねたままにすれば、腰を上から見て時計回りにフラフープを回すかのように一周させ左手を自分の右胸の位置に近づけるだけで、相手のAさんは腰砕けになって後方にお尻から背中を床につけるように

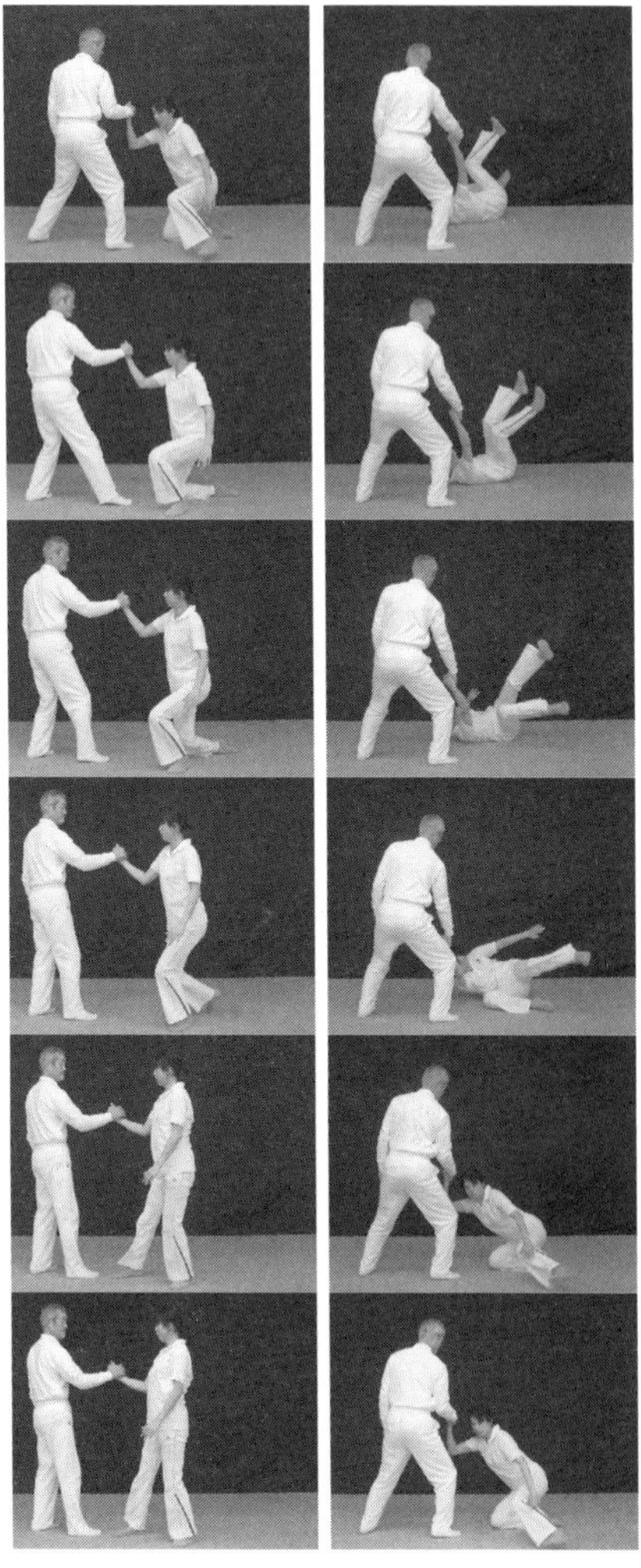

転んでしまう（写真71）。この身体運動は立ち合い合掌握り腰回し左相互受け身、あるいは左手による立ち会い腕相撲と呼ばれる。

立ち合い合掌握り腰回し右相互受け身と立ち合い合掌握り腰回し左相互受け身を交互に繰り返す受け身技法は、立ち合い合掌握り腰回し左右相互受け身と呼ばれる。また、途中で両者の役割を入れ換えることで、互いに自分を相手に完全に委ね調和ある雰囲気を生んでいくようにして「調和力」を発現させていく。

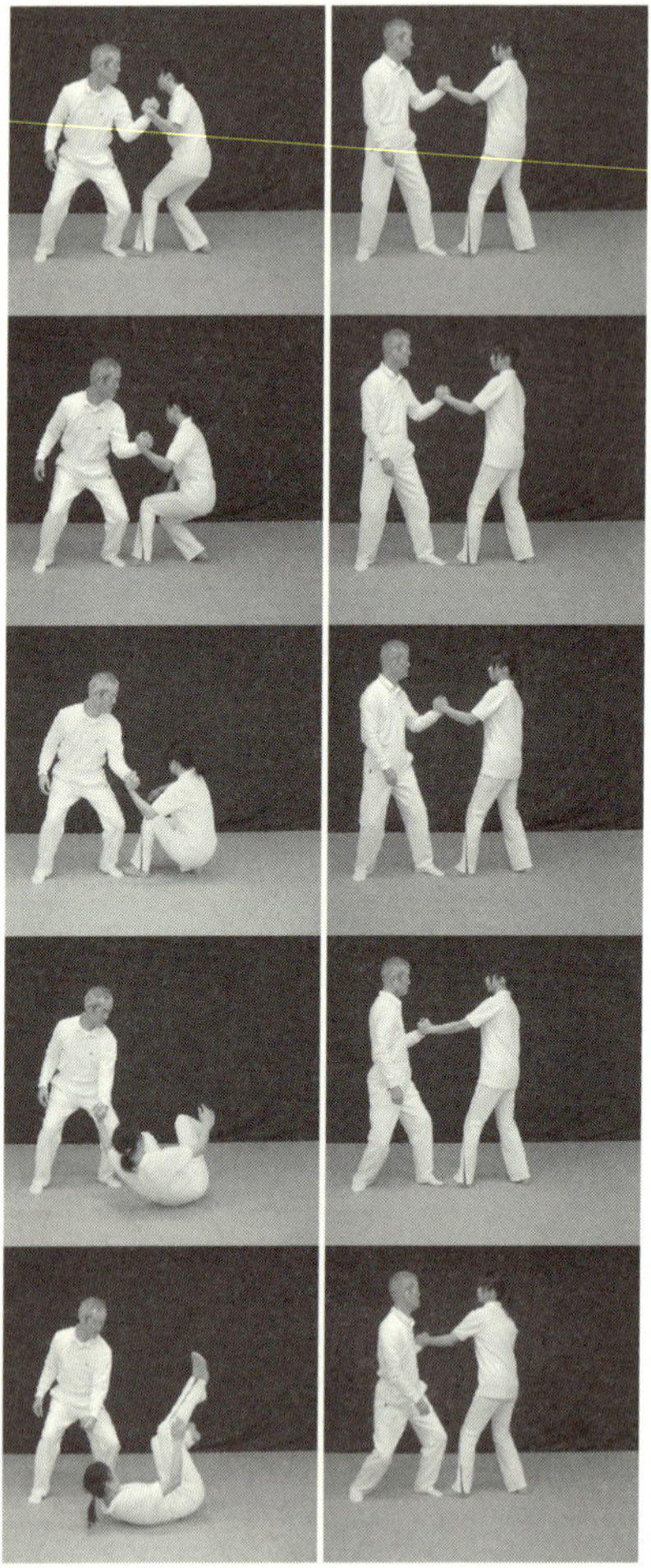

写真71　立ち合い合掌握り腰回し左相互受け身（左手による立ち合い腕相撲）。

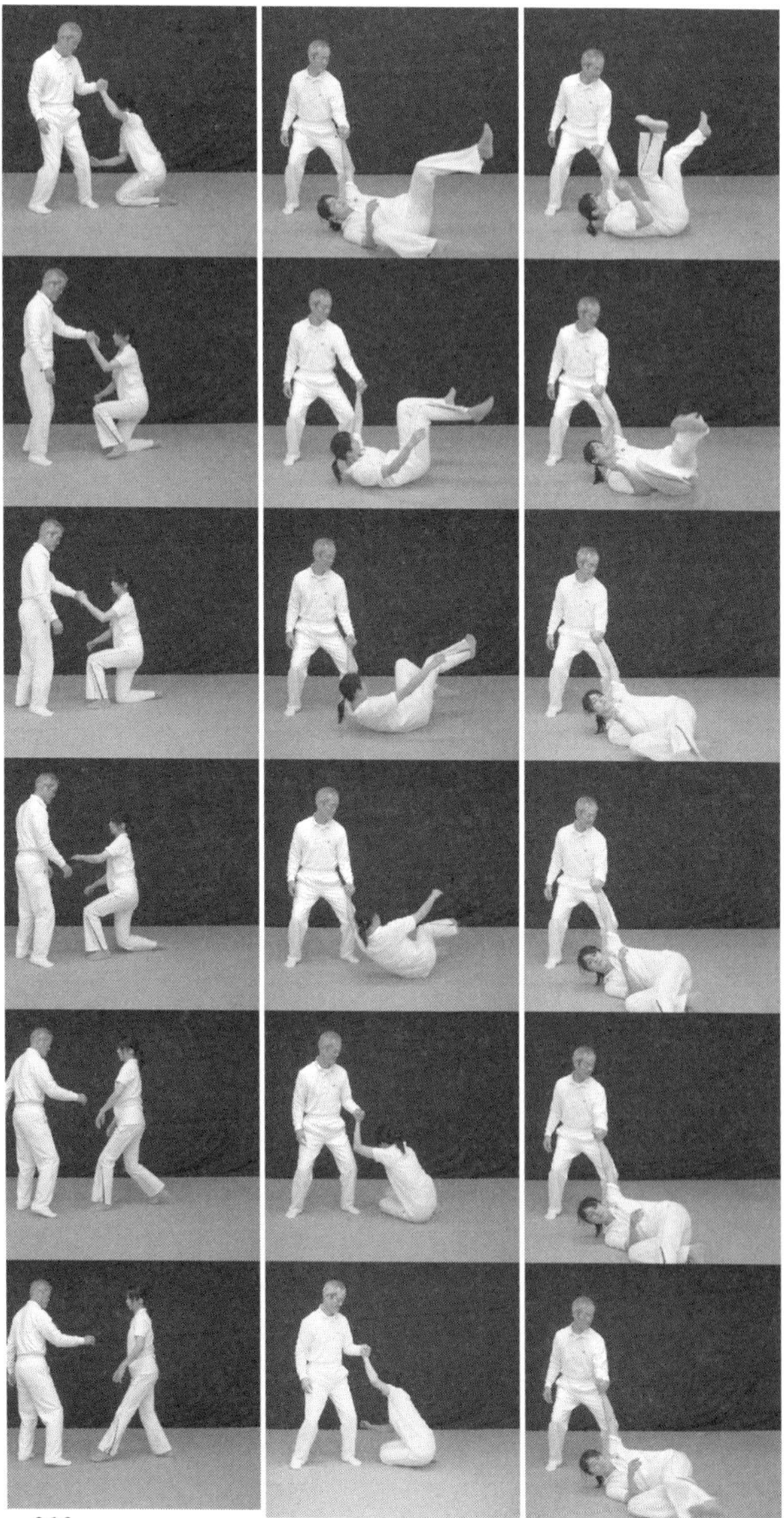

今後は、調和力に溢れる生活を多くの若い女性達が体現してくれることが、ボディーバランス・コミュニケーション（ＢＢＣ）の目的であることを常に念頭に置きながら、この身体操法の指導普及を目指していただけることを願う。

共に調和のあらんことを！

あとがき

本文で詳しくご紹介したボディーバランス・コミュニケーション（ＢＢＣ）は、専門学校禅林学園・専門部・武道学科でも実技研究という講座の中で実施している。武道という意識を捨ててもらい、もっぱら調和力の向上ということを目的に行っている。

始めて三ヶ月も経てば、「ハイ」の号令をかけなくても、お互いが楽しく行えるようだ。指導する立場にある私も順番に相手を替えつつ、いわゆる手ほどきをする。最初の頃は結構突き当ってくることもあるが、そのときは動作が止まるので、「それを吸い込もう」とか「力まずに」といったアドバイスを送る。それでも力みがとれないときには、こちらがその力を吸収してしまうので、相手は「アレー」などと言いながらコロッと転がってしまう。それで、結構楽しそうにやっている。

半年経った頃に、「今日からは抵抗してみよう。それで無理ならば、又「ハイ」で力を抜いてもらう方法に適宜切り替えよう」と指導するのだが、驚いたことに始めて半年の彼らも結構衝突もなく無理なく転がっている。そこで、学生諸君に何故こんなにうまくできるのか聞いてみた。

「この場が調和の空間になっているから」と、まずは他人事のような答え。他には「接点ではなく、存在そのものを見て受け入れている」、あるいは「相手も全身で素直に攻撃してくれている」などなど。

圧巻は、「攻者は意識の深いところで掛けて欲しいと思い、守者はそれを感じとってただ合わせているだけ。意思を超えた魂の交流をしているような気分」という見事な答。

二十年も前、さる禅家の老師にうかがったことがある。

「禅の目的や如何に？」

「さあ、平常心ですかなあ。これがなかなかむずかしい。どうしても我が出てきます。まあむずかしいことは考えずに、野球のバッターなら、スーと弾丸ライナーを打っているイメージ。これから車に乗ろうというときには、安全運転で無事目的地に着く。そんなよいイメージを持つと必ずそうなるもんです」

今なら分かる。より高く、より良いイメージを持ち続け、相手を倒そうという「我」を消した修練法であるＢＢＣの目指すところと今ここで一致するのだから。

この事例紹介は、何もＢＢＣの武術的効果を主張したいためではない。一見武術的な技術修練も視点を変え、意識のレベルを高く持ち、例えば「宇宙の調和」や「世界の平和」を目指し、自らが目の前の仲間とともに調和人間になろうとしさえすれば、これこそ少林寺拳法の目指す「宗門の行」の一形態になるのではないだろうか。

予防医学という言葉をよく聞く。対症療法が多く用いられる治療法や抗生物質に代表される薬害について問われることが多くなっている。

人間に本来備わっている免疫力をも、かえって弱くしてしまう新薬の投与。

それよりも、たとえば野菜の中に含まれている免疫力を高める物質の存在。医食同源は現代では死語に等しい。食も含めて、正しい生活をしていれば、人間本来の免疫力も高まる。たとえ病気になっても正しい食事、正しい生活をすれば自然治癒力も高まり、ガン細胞すら消滅したという事例もあるという。

では、「正しい生活」とは何だろうか？　私は、「自然と人との、また自分自身の心身の調和にある」と主張したい。だから、自然治癒力も調和力のひとつであると言いたい。

ここでひとつの事例を紹介しよう。

ある日、私の知人が高速道路内のトンネルで居眠り運転をして側壁に激突し人事不省におちいった。最初の病院では症状が安定したからといって、今度は何故か別の総合病院の精神科病棟に移された。

かすかに寝返りはうてるようになっていた。私は奥さんに断って少林寺拳法の整法を行ってみた。すると、一週間程で目が開き、筆談で「先生、私の声が出るようにして下さったら、私の飲むビール一ヶ月、いや一年分を差し上げます」とまで言う。

ここまできたら大丈夫と、今度は喉下のツボからみぞおち（みずおち）に向って気を送り込んでみた。なんと三日目には、「ウー」という発声が可能になり、その三日後には何とか言葉が出るようになった。

そうなると、あそこも痛い、ここも痛いとせがんでくる。私は彼に尋ねた。

「生死の境からよみがえったとき、何を考えましたか？」

「いや何も考えませんでした。ただ生きたい一心でした」

「そう、何も考えず、一心に天にゆだねる。邪念が消えて、貴方の自然治癒力が働いたのです。後はご自身で治して下さい」

彼は、クリスチャンだった。

長い挿話になったが、この「無心」こそ武術においても、自然治癒力においても通じる、それらを強め高めるキーワードのようである。

以前仏教書で見た「無我」の境についての項目が思い出された。

無我や空とは我執や我所執のないこと。さらにはこの境地に至ると、もう全てにわたって妨げや滞りがなく、自由自在であるとのこと。そして、その方法論。徹頭徹尾、相手の立場、全体の立場に立って考え判断し、行動し続けること。

実は、この仏教書を最初に手にしたとき、武術の達人を連想した。本当の達人になるには、人を殺す術の訓練ではなく、他人を認め我を消す訓練こそ大切なのではないか。

ここで、禅、特に座禅（静禅）についても触れてみる。私も毎日、鎮魂行という調息法を含む、いわゆる座禅をやっている。

恥ずかしながら無念無想等といった境地には至っていない。長時間の座禅を専門とする道場には正式に参禅したことがないので、言及すること自体、専門家からはお叱りを受けるかもしれないのだが……。

ところが、あるときから専門書の解説にある、例えば呼吸が整い、姿勢が落ち着き、尻の穴が締まるのを自覚でき、丹田の位置がわかり、上体の力が抜け、スッと気持ちよく座れるようになった。それは、このＢＢＣ技法をまとめる試行の過程からの成果であると確信している。

静座のときよりも、動きを伴う中での自己意識の放逸感（抵抗する意思を捨てることによる我の消失感）は割合簡単に得られるものなのである。

まさに少林寺拳法開祖宗道臣初代師家の拳法を動禅と評した、京都達磨寺の後藤伊山老師のお言葉に私自身合点のいったのも、このあたりの体験による。

そう、名人達人にだけの特権ではなく、三ヶ月実習の女子大生や、半年実習の禅林学園の学生諸君と共に、あっちに転んだり、こっちに転がせたり、上下が逆転するその間は確かに「何にも考えていない」、つねに心地よい時間が過ぎていく。空を行く白い雲のような気分なのである。これも、「無我」の境地には違いない。不思議と生命力の再生のような、内面の変化に見られるプラス効果も、私だけではなく学生諸君からも聞くところである。

このBBCのねらいは、武術の達人技を仮想したものではない。むしろ万人が人生の達人になる道の構築である。

大げさかもしれないが、たった半年で調和空間を自分達の周りに創った若者たちの例は先に述べた。調和力は、誰もが見つけられるもの。そしてその方法のひとつを紹介したかったのである。

二〇〇九年三月

著者代表　山﨑　博通

監修：宗　由貴（そう ゆうき／SHORINJI KEMPO UNITY 代表理事）
著者：山﨑博通（やまざき ひろみち／禅林学園校長）
治部眞里（じぶ まり／北海道大学客員教授）
保江邦夫（やすえ くにお／ノートルダム清心女子大学教授）

ボディーバランス・コミュニケーション
2009年4月30日　第1刷発行
2010年8月20日　第3刷発行

発行所：㈱海鳴社　http://www.kaimeisha.com/
〒101-0065　東京都千代田区西神田2－4－6
Eメール：kaimei@d8.dion.ne.jp
電話：03-3262-1967　ファックス：03-3234-3643

発行人：辻　信行
組　版：海鳴社
印刷・製本：モリモト印刷

出版社コード：1097
ISBN 978-4-87525-256-6